O HOMEM-DEUS

Do autor:

O que é uma vida bem-sucedida?
A nova ordem ecológica
Diante da crise
Kant: Uma leitura das três críticas

LUC FERRY

O HOMEM-DEUS
ou
O Sentido da Vida

6ª edição

Tradução
Jorge Bastos

DIFEL

Copyright © Éditions Grasset & Fasquelle, 1996.
Título original: *L'homme-Dieu ou Le sens de la vie*

Capa: Rodrigo Rodrigues

Editoração: DFL

2019
Impresso no Brasil
Printed in Brazil

CIP-Brasil. Catalogação na fonte
Sindicato Nacional dos Editores de Livros, RJ.

F456h
6ª ed.
	Ferry, Luc, 1951-
	    O homem-Deus, ou, O sentido da vida / Luc Ferry; tradução
	Jorge Bastos. – 6ª ed. – Rio de Janeiro: DIFEL, 2019.
	    210p.

	Tradução de: L'homme-Dieu, ou, Le sens de la vie ISBN 978-85-7432-074-8
	1. Vida. 2. Humanismo. 3. Filosofia e religião. I. Título. II. Título: o sentido da vida.
06-4606	CDD – 128 CDU – 128

Todos os direitos reservados pela:
DIFEL – selo editorial da
EDITORA BERTRAND BRASIL LTDA.
Rua Argentina, 171 – 3º andar – São Cristóvão
20921-380 – Rio de Janeiro – RJ
Tel.: (0xx21) 2585-2070 – Fax: (0xx21) 2585-2087

Não é permitida a reprodução total ou parcial desta obra, por
quaisquer meios, sem a prévia autorização por escrito da Editora.

Atendimento e venda direta ao leitor:
sac@record.com.br

Para Elizabeth

SUMÁRIO

Introdução: Do sentido da vida: o recuo de uma questão   9
A banalidade do luto, 11. – A secularização e o esquecimento do sentido, 16. – O budismo revisto: do esquecimento do sentido à sua negação, 23. – A estrutura pessoal do sentido, 30. – O fim do teológico-ético, 32. – Recusa dos argumentos de autoridade ou rejeição da transcendência?, 39. – A transcendência na imanência, 42. – O peso do passado, o nascimento da consciência histórica e a descoberta do inconsciente, 46. – Descendo o rio: a transcendência nos limites do humanismo, 49. – As hipóteses deste livro, 52.

Capítulo I: A humanização do divino: de João Paulo II
a Drewermann   55
A humanização ou a laicização da própria religião, 56. – Liberdade de consciência ou verdade revelada?, 58. – Símbolo atemporal ou verdade histórica: deve-se "humanizar" a mensagem de Cristo?, 65. – As metamorfoses do Diabo, 76. – A desumanização do mal ou a redução ao contexto: o discurso do advogado, 82.

Capítulo II: A divinização do humano: a secularização da
ética e o nascimento do amor moderno   93

Progresso moral ou "crepúsculo do dever"?, 94. – A ética da
autenticidade, 95. – A secularização da ética: o eclipse do
sagrado?, 98. – Em direção a uma sacralização do humano,
102. – A humanização do sacrifício, 105. – O nascimento da
vida sentimental, 110. – O casamento por amor, o nascimento da vida privada e o advento da afeição parental, 115.
– O trágico do amor moderno, 124. – A dialética da vida amorosa: Tristão, Don Juan e retorno, 126. – A figura do enamorado a suspirar: a negação de si em benefício do outro, 130.
– O mito de Don Juan: a negação do outro em benefício do
eu, 132. – As novas faces do amor, 134. – Novas figuras do
sagrado?, 138.

Capítulo III: O sagrado com rosto humano   141

Bioética: a sacralização do corpo humano, 145. – O humanitário ou a sacralização do coração, 147. – "Não deixa que
façam ao outro...": a extensão universal da caridade e dos
direitos do homem, 149. – O humanitário em questão, 153. –
As núpcias da ética e da mídia: uma falsa caridade?, 156. – A
emoção contra a reflexão: uma falsa filosofia?, 165. – O álibi
da inação e da covardia: uma falsa política?, 169. – O sentido
de sua vida pelo outro ou com o outro?, 172. – A reassunção do
sagrado na cultura e na política, 176. – A dupla face da política
como "técnica": culto da performance e tecnocracia, 181. – O
reencantamento da política: enraizar *Dikè* em *Philia*, 188.

Conclusão: O humanismo do homem-Deus   193
O humanismo "transcendental", 198.

INTRODUÇÃO

Do sentido da vida:
o recuo de uma questão

Em *O livro tibetano do viver e do morrer*,[1] Sogyal Rinpoché relatou a história de Krisha Gotami, jovem mulher que viveu na mesma época em que Buda e cujo filho, com apenas um ano de idade, morreu de uma doença fulminante: arrasada de dor, apertando contra o seio o menino querido, Krisha deambulou pelas ruas, implorando que lhe indicassem algum meio de trazê-lo de volta à vida. Uns a ignoraram, outros acharam que estava louca, mas afinal um sábio homem aconselhou-a que procurasse Buda. Ela, então, foi vê-lo, colocou o pequenino corpo a seus pés e contou sua desgraça. O Sábio ouviu-a com infinita compaixão e disse suavemente: "Só há um remédio para o mal que te aflige. Desce até a cidade e consegue um grão de mostarda vindo de uma casa em que jamais tenha havido morte..."

Pode-se imaginar o fim da história. Também sua moral. Por mais que Krisha batesse em todas as portas, continuamente recebia a mesma resposta: quanto ao grão de mostarda, nenhum problema,

---

[1] *Le livre tibétain de la vie et de la mort*, Editions de la Table Ronde, 1993, p. 54 (edição brasileira Palas-Athena).

mas quanto ao restante, todos os lares haviam tido mortos, nenhum estava a salvo. Quando a jovem voltou a Buda, já havia encontrado a Via: nada, no mundo humano, é permanente. O único elemento eterno é a própria "impermanência", a característica flutuante e mortal de toda coisa. Quem for louco o bastante para ignorar isso se expõe aos piores sofrimentos. Se tomarmos consciência das verdadeiras causas do mal, se percebermos que provêm das ilusões de um eu que se prende a suas "posses", enquanto a lei do mundo é a das trocas, podemos conseguir nos libertar. Essa é a sabedoria.

Cada qual à sua maneira, as grandes religiões[2] buscavam preparar os homens para a morte, tanto a sua própria quanto a do ser amado. Inclusive, era nessa iniciação que elas nos chamavam a decifrar o sentido da vida humana. As morais antigas – como a dos estóicos, por exemplo, mas menos distante de nós também a de Montaigne – tinham como fato assegurado que a sabedoria se encontra na aceitação de uma ordem do mundo que inclui o fim e que "filosofar", conseqüentemente, "é aprender a morrer". Muitos trechos do Evangelho abordam essa questão – nascida do conflito em que se opõem o amor, que leva ao apego, e a morte, que é separação – com uma simplicidade comparável à do grande livro tibetano. Mesmo sendo diferente, a resposta trazida não deixa de ser ditada pela preocupação com o estabelecimento de um laço entre o fim da vida e sua significação última: quando Jesus foi informado do falecimento de Lázaro, demonstrou um sofrimento igual ao dos simples humanos. Assim como Marta e Maria, irmãs de Lázaro, se pôs a chorar. Mas ele sabia, desde então, que devolveria a existência àquele que nunca

---

[2] Por recusar a idéia de um Deus transcendente, o budismo muitas vezes não é considerado uma religião. A idéia é discutível. De qualquer forma, ele constitui uma *tradição espiritual* que pretende se encarregar das questões últimas da vida humana.

Do sentido da vida: o recuo de uma questão

havia duvidado, e declarou a Marta: "Eu sou a ressurreição e a vida. Aquele que crê em mim há de viver, mesmo que morra; e quem quer que viva e creia em mim, nunca morrerá" (João, XI). Acostumar-se com a impermanência ou ter fé na perenidade da vida? A oposição parece, em primeira abordagem, total. Mas talvez ela esconda uma afinidade mais secreta. Pois, para o cristão, como para o budista, é diante da finitude que a questão do sentido se desenvolve. Tanto para um quanto para o outro, o sábio é aquele que para ela se prepara, desviando-se do "ter", dos apegos e das posses deste mundo, valorizando o "ser". A lógica da felicidade não é a única válida. Isso era tão verdadeiro que, aos olhos dos que crêem, e ainda bem recentemente,[3] era evidente que uma lenta agonia, mesmo dolorosa, era infinitamente preferível ao fim brutal, mesmo indolor: ela pelo menos deixava tempo para se buscar a paz e se recomendar a alma a Deus.

A banalidade do luto

Para nós, modernos, o significado dessa atitude pouco a pouco se obscureceu. Ateus ou agnósticos calejados, preferimos morrer de repente, se for o caso, sem sofrimento e, se possível, sem nem pensar nisso. Toda e qualquer meditação sobre a morte nos parece desnecessária, pouco "viril" e, resumindo, patológica. Freud, que foi por excelência o pensador da desilusão, declarou sem meios-termos: "Quando começamos a nos colocar questões sobre o sentido da vida

---

[3] Foi sob esse ponto de vista que João Paulo II, em *L'Evangile de la vie* (Cerf/ Flammarion, 1995), condenou a eutanásia e inclusive enalteceu o sofrimento que precede a morte.

LUC FERRY ⊖ O HOMEM-DEUS

e da morte, estamos doentes, pois nada disso existe de modo objetivo." Eram neuróticos, Montaigne e os estóicos? E, com eles, todos os pretensos sábios da tradição? As verdades da superstição talvez se tenham, afinal, revelado. Mas sem os mitos, o que nos resta a dizer e a pensar diante do absurdo do luto? A psicologia, e isto foi um fato de peso, destronou a teologia. Quando se vai a um enterro, porém, ao pé do muro e junto do caixão, um constrangimento toma conta dos espíritos. O que dizer à mãe que perdeu a filha ou ao pai em lágrimas? Brutalmente nos confrontamos com a questão do sentido, ou melhor, com o seu eclipse, no mundo laicizado. Reduzidos ao discurso dos afetos, interiormente comprovamos seus limites: o reconforto que certos gestos de compaixão trazem, por mais preciosos, não está à altura da questão colocada pela ausência, a qual sabemos perfeitamente que se tornou, em termos próprios, insensata. Donde as banalidades usuais, que não conseguem, entretanto, dissimular o fato de o rei estar nu. Se a sabedoria das grandes religiões não convém mais a nossos tempos democráticos, se qualquer retorno parece impossível, mesmo assim nada inventamos que possa ocupar esse lugar de maneira aceitável. Sem deixar de ter sua importância, as muletas oferecidas pela psicanálise não vão além do que elas são: convenientes próteses. Freud venceu Montaigne, mas sua vitória nos deixou um gosto amargo.

A razão desse vazio não deixa dúvidas. Pela perspectiva da escatologia religiosa, a velhice, em vez de ser sinal de uma decadência irreversível e insensata, quando não era sinônimo de sabedoria, era pelo menos uma das condições necessárias para o acesso a ela. Ocupava um lugar eminente, insubstituível no seio das idades da vida. O séquito de males que a acompanha podia passar por prova iniciática – ali onde hoje não percebemos senão absoluta negatividade. No exato contrapé dos ensinamentos tradicionais, chegamos até

Do sentido da vida: o recuo de uma questão

a admitir, às vezes, um significado ético na eutanásia. O ideal dos tempos messiânicos era de que não mais houvesse "homem que não chegasse ao fim de sua velhice", qualquer que fosse o custo.[4] Inteiramente orientadas para o futuro, solidamente assentadas na idéia de "progresso", nossas sociedades têm muito pouco a dizer sobre esses grandes males, a não ser que é preciso, diante deles, organizar a fuga.

Essa mudança radical na relação com o sentido é um tema que Rousseau – já se mostrando, neste ponto como em vários outros, um precursor dos nossos tempos desencantados – percebeu em uma passagem luminosa de seu *Discurso sobre a origem da desigualdade*. A seu ver, a própria essência do homem (moderno?) – a qual se revela em sua diferença com relação ao animal – implica o absurdo da doença, da velhice e da morte. Há, disse ele, uma "qualidade muito específica que distingue (o homem e o animal), e quanto à qual não cabe contestação: a faculdade de se aperfeiçoar, faculdade que, ajudada pelas circunstâncias, desenvolve sucessivamente todas as demais e reside em nós, tanto no plano da espécie quanto no do indivíduo. Já o animal, no final de alguns meses, sem demora é o que vai ser o restante da vida, e sua espécie, passados mil anos, é o que já era no primeiro ano desses mil. Por que o homem está sujeito a se tornar um imbecil? Não seria porque ele volta, dessa maneira, a seu estado primitivo, e o animal, que nada adquiriu e por isso nada tem a perder, mantém seu instinto, enquanto o homem, perdendo pela velhice ou por outros acidentes tudo que sua *perfectibilidade* lhe permitira conquistar, cai assim em plano inferior ao do próprio animal?"

---

[4] *L'Evangile de la vie, op. cit.*, p. 72.

LUC FERRY ⊖ O HOMEM-DEUS

Não se poderia melhor nem de maneira mais concisa explicitar a tragédia da modernidade: o que fazer do declínio, sendo a vocação do homem o progresso? Definindo-se o ser humano pela liberdade, compreendida como uma faculdade de se emancipar das leis exclusivas da natureza animal, escapando de todos os códigos rígidos do instinto, para sempre seguir em direção da maior perfeição cultural e moral, sua grandeza maior não seria também sua perda mais garantida? Entregue à historicidade, como poderia dedicar o menor significado ao inevitável desamparo, que também é o seu destino? Quando o futuro toma o lugar do passado, quando não se trata mais de obedecer aos costumes dos antigos, mas de construir um homem novo, a velhice deixa de ser sabedoria para ser declínio. Donde o frenesi com que o homem moderno se esforça, quando ela chega, para dissimulá-la. Máscara da falta de sentido, cosmética derrisória da qual, no entanto, ninguém escapa inteiramente, nesse universo em que o horizonte do futuro esgota o campo das significações e dos valores, em que a exaltação da juventude, por apenas ela ser promissora, implica, como o reverso de uma medalha, a inanidade da velhice que se deve, por isso mesmo, esconder.

Cirurgia plástica contra religião? Nada garante, pelo menos nesse ponto, que tal combate nos favoreça. Também nenhuma garantia há quanto a sermos capazes de escapar de um dilema, cuja formulação caricatural, no mais das vezes, é a mais justa. Os filósofos do Iluminismo tentaram isso, e todos os nossos progressistas, com Marx à frente, os seguiram, conscientes de que o ideal que tinham esbarrava naquela dificuldade percebida por Rousseau. Eles nos sugeriram um consolo: o indivíduo, é verdade, decai, e sua decrepitude, de fato insensata em nível particular, não deixa de ter uma significação para a espécie. Desse modo, cada sábio traz sua

Do sentido da vida: o recuo de uma questão

contribuição, mesmo que modesta, ao edifício da ciência. Os "grandes homens" inclusive se alçam, nesse modo laicizado, a uma forma de imortalidade, estabelecidos que estão nos novos textos sagrados, que são os livros de história. E foi como o cientificismo pôde tão facilmente se tornar, para o século XIX, o equivalente leigo das religiões defuntas.

Insigne fragilidade da transposição: como, nesse mundo em que o indivíduo afinal se torna ele mesmo, nessa sociedade dos direitos do homem em que a autonomia se opõe a todos os comunitarismos, se satisfazer com o que vale apenas para uma entidade anônima e abstrata, "a espécie"? Diz-se que o essencial é participar, acrescentar sua pedra. Que seja! Mas esse essencial não é o acessório propriamente, o derrisório por excelência aos olhos do indivíduo que se retira do mundo e desaparece para sempre? Kierkegaard, dissimulando sua obra por trás de pseudônimos, tentou escapar de tais celebrações: a religião do progresso, da imortalidade leiga de um nome para sempre gravado na "história universal", da obra confiada à posteridade, não passa de um sucedâneo. A realidade última, a única a valer quando se trata do sentido da existência, não é aquela do "exemplar", mas a do indivíduo único e singular. Com a ajuda do crescimento do individualismo, diminuiu o sentimento de que o sentido da vida poderia vir de uma "contribuição" trazida a uma edificação grandiosa, trate-se ela da ciência, do socialismo, da pátria, para não falar de nossa construção européia...

Sob a aparente banalidade do mal, foi como com um temível desafio que nos confrontamos: das respostas trazidas, pela maneira como adequamos os medos que ele suscita, dependem também as formas de vida que escolhemos ou aceitamos. Durante milênios, o sentido do sagrado inspirou todas as esferas da cultura humana, da arte à política, da mitologia à ética. Talvez fosse ilusório, mas era grandioso. Nossas morais sem transcendência podem compensar esse recuo do divino? Devem fazê-lo? Será que a ocultação das sabedorias antigas tornou-se tal, que a questão mais essencial de todas, essa do sentido da nossa vida, simplesmente se tornou derrisória? É possível, mas não está confirmado. Resta-nos, realmente, apenas a escolha entre as religiões constituídas e as psicoterapias? Ou ainda a coragem, para quem recusa tanto umas quanto outras? As primeiras nos oferecem de bom grado os seus serviços e retornam, como se fossem contrabandeadas, por ocasião do menor luto. As segundas nos vendem seus bons ofícios e nos ensinam a agir como se deve, em seis fases e com o apoio de psicotrópicos. Seria vão desejar, para a demanda de sentido que se impõe a nós nesses instantes sagrados, estabelecer o direito a uma outra maneira? Mais vale, no mínimo, assegurar-se por si mesmo do que fugir das interrogações que nos perseguem, sobretudo pelo fato de a nossa vida afetiva se ter encaminhado, há quase dois séculos, para uma direção bem imprudente...

A secularização e o esquecimento do sentido

Um dos traços mais singulares do nosso universo secularizado é que nós nele permanentemente existimos por meio de projetos. Tudo se passa como se não pudéssemos viver sem nos fixarmos objetivos a alcançar. Não ignoramos, é claro, que nossas histórias individuais são, em grande parte, moldadas de fora, que elas mais nos escapam do que as dominamos, que "caímos" apaixonados mais do que escolhemos amar, e que os nossos sucessos ou fracassos profissionais dependem de nossa herança social e cultural, antes de passar por nossos talentos pessoais. Uma tal homenagem assim prestada às ciências sociais não deveria esconder este fato fundamental: como se

Do sentido da vida: o recuo de uma questão

pudéssemos de alguma maneira dominar nosso destino, ter acesso, por assim dizer, à autonomia, não cessamos de nos situar com relação a metas. De toda natureza: profissionais, culturais, educativas, lúdicas, estéticas, políticas, morais, afetivas, turísticas... E quando nenhuma se impõe claramente, temos sempre a possibilidade de entrar no ciclo do consumismo, indo fazer compras e prestar algum tributo ao *shopping* que, com toda facilidade, apresenta uma finalidade para qualquer passeio.

No interior desses pequenos propósitos, que são como bolhas fechadas em si mesmas, nossas ações ganham, então, um sentido: ao mesmo tempo, estão orientadas em uma certa direção e animadas por intenções que lhes conferem, tanto ao nosso ver como ao dos outros, uma certa significação. No entanto, a questão do sentido desses projetos que dão sentido nos escapa. Na vida cotidiana, a todo instante ou quase, sem dúvida sabemos por que é preciso cumprir tal ou tal tarefa supostamente "útil", mas a utilidade dessa utilidade permanece, o mais freqüentemente, quando chegamos a pensar nisso, opaca ou duvidosa.[5] O "sentido do sentido" – a significação última de todas essas significações particulares – nos falta. No mais das vezes, também, essa impressão é apenas fugaz, e basta que se retome suas atividades para se livrar dela. Aliás, é a essa retomada que o cidadão moderno é incessantemente e de toda maneira convo-

---

[5] Heidegger muitas vezes descreveu esses paradoxos da "cotidianidade": cada ação, no mundo moderno do trabalho, serve a uma outra, que, por sua vez, serve a uma terceira, sem que um termo último jamais venha dar sentido ao processo. Enquanto estamos presos, sem pensar, nessa cadeia de utilidades, "funcionamos" bem: tudo, afinal, gira redondo. Mas pode acontecer de um aborrecimento tomar conta de nós, aproximando-se da angústia. Cf., por exemplo, *Qu'est-ce que la métaphysique?*, in *Questions I*, Gallimard, 1968, p. 56. O conceito de "Náusea", em Sartre, retoma em grande parte essa análise.

cado, sob pena de cair naquela "existência preguiçosa" de que já falava Hegel.

Esses breves instantes de oscilação apontam, no entanto, um fato bem tangível: após o relativo recuo das religiões, após a morte das grandes utopias que inseriam nossas ações no horizonte de um vasto propósito, a questão do sentido não encontra mais um local onde se exprimir coletivamente. Assumida, antigamente, pela fé, hoje em dia ela tende a se tornar caduca, para não dizer ridícula. Sente-se isso antes até de compreendê-lo pela inteligência: a antiga interrogação quanto ao "sentido da existência" cheira à metafísica. Parece estar reservada a uma idade bem particular da vida, a adolescência e suas primeiras comoções, mas, para a maioria dos adultos, permanece confinada à intimidade da mais estrita esfera privada. Transparece apenas por ocasião de circunstâncias excepcionais, como luto e doença grave. E, aliás, aparece, então, canalizada na fôrma estreita das banalidades e das fórmulas, justamente, circunstanciais...

Nem por isso o cidadão moderno deixa de se sentir frustrado. Sem ficar atraído, além das medidas – a laicidade não permite –, por motivos religiosos ou místicos, ele se dá conta de não ter vindo à terra para se entregar indefinidamente à compra de automóveis ou de aparelhos eletrônicos cada vez mais aprimorados. O dinheiro, a notoriedade, o poder, a sedução lhe parecem certamente valores desejáveis, mas relativos. Ele preferiria outros, de bom grado, julgados mais profundos, com os do amor ou da amizade. Não que os objetivos designados pelos primeiros sejam desprezíveis, mas mesmo que tudo ignoremos do destino do homem, ainda mais se acharmos ultrapassada a questão, eles parecem não poder constituir uma finalidade última.

A hipótese que eu gostaria de formular é a de que esse relativo sentimento do vazio nada tem de anedótico, mas está, bem pelo con-

Do sentido da vida: o recuo de uma questão

trário, estruturalmente ligado a um dos motivos mais essenciais do mundo leigo. Eu disse "relativo" por ter consciência de sua característica fugidia: podem-se viver em nossas sociedades modernas e, afinal de contas, nem tão mal assim, sem nunca se colocarem as questões fundamentais aqui evocadas. Podem até mesmo ser encontradas nisso dificuldades materiais tais que levem, pelo menos por algum tempo, a que elas sejam relegadas a um segundo plano. Alguns vão julgá-las inutilmente patéticas, outros nelas verão apenas um luxo de intelectual. Para os primeiros, basta a sentença de Hegel, segundo a qual quem "encontrou mulher e trabalho terminou com as questões colocadas pela vida". Para os últimos, um bom projeto político nos tira do apuro e dá um final saudável a um mal-estar, cuja aparência metafísica vem da ausência de soluções concretas.

No entanto, insisto em pensar que é superficial a idéia, tantas vezes levantada, de um vazio momentâneo, que um novo "grande propósito" logo viria preencher. Dizer que o marxismo era uma religião de salvação terrestre, sem dúvida, não estava errado. E é verdade que as grandes utopias deram, durante décadas, sentido à vida dos indivíduos – tanto aos que nelas acreditavam, por acreditarem, quanto aos que as combatiam, por combatê-las. Cada qual podia, então, ter seus objetivos e, com isso, situar sua ação dentro de um quadro significante. E ainda seria preciso perceber com clareza em que as diversas variantes do comunismo não puderam fornecer sentido senão graças a uma autêntica estrutura religiosa, hoje em dia revogada: implicavam, mesmo em suas versões materialistas mais bem secularizadas, a idéia de um "além" da vida presente. Mais ainda, concebiam esse além de maneira teológica, ao mesmo tempo superior aos indivíduos e inscrito dentro de um instante salvador, o da revolução – equivalente leigo da conversão. Elas conferiam uma significação global ao projeto militante de um sacrifício de si em nome de uma causa que, mesmo supostamente material, nem por isso deixava de ser transcendente.

Apesar do ateísmo de princípio, o marxismo soube articular essa transcendência absoluta do ideal com a intimidade ou a imanência radical da vida cá embaixo. O militante, é verdade, trabalhava para o futuro, para as próximas gerações, para o advento da sociedade perfeita, do paraíso na Terra, mas essa aspiração ao além se encarnava em uma série de práticas concretas que pretendiam dar uma significação aos menores detalhes da vida terrestre. Por reciprocidade, as tarefas cotidianas mais modestas, como a venda de jornais engajados da saída das fábricas ou a organização de uma reunião, se enraizavam no horizonte imaterial de um mundo melhor. Religião, *religere*, religar, diz-se muitas vezes, segundo uma etimologia que, mesmo contestada, não deixa de ser eloqüente: é essa ligação do aqui com o além que também assegurava o laço entre os militantes. A leitura dos jornais era a reza da manhã. Eles podiam, acontecesse o que fosse, nela desvendar aquele famoso "sentido da história" do qual suas existências pessoais, mesmo que em nível modesto, faziam parte ativa.

Foi nesse remanejamento secular do religioso que, em grande parte, residiu o extraordinário poder de fascínio que o comunismo exerceu durante um século e meio.[6] Como, de outra forma, compreender que dezenas, ou mesmo centenas de milhões de homens nele se tenham inteiramente lançado? A religião é insubstituível como fornecedora de sentido. E Deus sabia da necessidade de sentido, nos dias seguintes das Guerras Mundiais. A tal ponto que, após a Segunda, o marxismo pareceu afinal como a única doutrina de peso capaz de inscrever a absoluta falta de sentido dentro de uma visão otimista da história e assim enfrentar as duas novas encarna-

---

[6] Cf. François Furet, *Le passé d'une illusion*, Laffont, 1994.

Do sentido da vida: o recuo de uma questão

ções do Diabo: o nazismo e o imperialismo colonial. Retrospectivamente, de fato, é difícil ver como um intelectual poderia ainda manter alguma confiança nos valores da democracia liberal e da "civilização" européia em 1945! E que se pense isso não para legitimar, mas para tentar compreender a dimensão da ilusão... e das desilusões que viriam.

Foi essa relação com o sentido, tanto da história mundial quanto da vida pessoal, que esvaneceu sem que nada tenha vindo substituí-la nesse terreno. E foi pela laicização do nosso universo que uma doutrina, ainda de certo modo religiosa, naufragou no Ocidente, antes até que a *Perestroïka* lhe desse fim, no campo soviético. Por essa razão, o fim do comunismo implicou um vazio maior do que se disse, um vazio que não poderia ser preenchido por qualquer ideologia substituta, a menos que possuísse as mesmas virtudes teológicas. Mas é este o ponto sensível: os avanços da laicidade, paralelamente aos do individualismo, criaram por todo lado obstáculo ao retorno dos dogmas e dos argumentos de autoridade. Com o naufrágio do marxismo, não foram somente as idéias políticas que animaram a vida de milhões de indivíduos que se viram invalidadas, mas também toda uma visão teológica da política. Não se trata, agora, de um simples período passageiro, uma investida provisória na esfera privada, destinado a logo ser ultrapassado pela emergência de um novo grande propósito, ecológico ou de outro tipo. Com toda evidência, a crise é estrutural, "historial", por assim dizer, isto é, ligada à erosão que o universo leigo e democrático impingiu, sem exceção, a todas as formas tradicionais de religiosidade.

É o que também explica como, na esfera da própria filosofia, a questão do sentido da vida tenha podido desaparecer, a ponto de a sua simples lembrança parecer fora de moda. Estranho eclipse, de fato, se pensarmos que, durante milênios, essa interrogação esteve no centro de uma disciplina que pretendia, lembremos, conduzir o homem à "sabedoria". O pensamento contemporâneo se tornou científico. Mas os homens de saber nos descrevem o mundo *como ele é, e não como devia ser*. Nenhuma sabedoria provém intrinsecamente dos seus trabalhos. Além disso, eles não pretendem, preocupados que estão com o estabelecimento de fatos e de verdades, pregar uma ideologia ou uma moral, e, ainda menos, extrair uma visão profética do mundo. O fracasso do marxismo, que foi a última tentativa desse estilo, nos vacinou contra projetos assim. Tanto nas escolas quanto nas universidades, a filosofia foi reduzida a uma meditação sobre outros ramos do saber ou, ainda mais simplesmente, ao ensino da sua própria história. Os estudantes descobrem as grandes doutrinas do passado, "de Platão a Freud". Ocasionalmente, são, sem dúvida, chamados a praticar a "reflexão", a "pensar por si mesmos", com a ajuda das obras da tradição, como trampolins para os seus próprios saltos. Tudo isso está em conformidade com o individualismo democrático, com suas exigências de autonomia. Mas cada um, nesse exercício, no máximo constrói para si algumas opiniões subjetivas. Adquire-se, na melhor das hipóteses, alguma cultura, algumas referências intelectuais e, eventualmente, um mínimo de convicções morais elementares, o mais freqüentemente marcadas pela ideologia dos direitos do homem. É uma bagagem sem dúvida simpática, mas singularmente insuficiente perante o ideal inscrito na palavra "filosofia": amor à sabedoria. Esse amor passa, então, a se desenvolver de maneira incontrolada, à margem das disciplinas acadêmicas. Ele procura encontrar seu caminho no ressurgimento de antigas formas de espiritualidade, trazidas de volta à moda e retraduzidas na linguagem atual. É o que vem ocorrendo, há mais de 20 anos, com a redescoberta do budismo no Ocidente. Mas a busca do

Do sentido da vida: o recuo de uma questão

sentido, tomada dentro da lógica da secularização democrática, se conclui muitas vezes por uma ocultação ainda mais radical.

O budismo revisto: do esquecimento do sentido à sua negação

Anos 1960: a Califórnia, revoltada contra a civilização ocidental, julgada decadente e repressora, redescobriu o Oriente. As obras de Allan Watts e de Daisetz Susuki sobre o budismo Zen causaram alvoroço. Não foi dos planaltos do Tibete e nem das águas do Ganges que Buda voltou para nós, mas das águas do Pacífico. E, como sempre, a Europa inteira correu atrás a imitar o que fazia a América. As maiores estrelas do rock conseguiram prestigiosos gurus, e a viagem a Katmandu se tornou passagem obrigatória para novos ritos iniciáticos. Em vez de passageira, a moda não parou até hoje de se ampliar, o que se torna ainda mais surpreendente, pois as revoltas da época se calaram, e as utopias contestatórias se apagaram. Seria infindável repertoriar todos os livros que nos indicam exercícios de vida, nos convidam à descoberta da "Via", nos propõem iniciações às espiritualidades orientais, redescobrem as virtudes das medicinas suaves... Derrisório e sectário? Irracionalismo perigoso para os princípios da democracia?

Uma familiaridade precoce com textos da Antigüidade grega me convenceu ser inútil querer ler, de segunda mão, as grandes obras e ingenuamente lhes dirigir questões que são nossas, pois a densidade da história que têm delas nos separa de maneira irremediável. O que se pode compreender, a partir de São Francisco ou de Paris, das religiões orientais descobertas através de traduções aproximativas, sem a menor preocupação com distâncias históricas e culturais? Se o fenômeno, porém, chega até nós com tal dimensão, deve ser porque, certamente, de algum modo ele nos fala, preenche alguns vazios.

LUC FERRY ⊖ O HOMEM-DEUS

A começar, é claro, por aquele deixado pelo eclipse da questão do sentido. Mas tudo isso se passa, no entanto, de maneira bem estranha: contribuindo ainda mais, me parece, para sua erradicação.

Qual é, de fato, a mensagem essencial que a maioria dos ocidentais conserva primeiramente do budismo? Comte-Sponville, que parece em seus primeiros livros se identificar com a prática budista, formulou-a em termos concisos: contrariamente a certa idéia-feita, não é a esperança, mas, em sentido próprio, a des-esperança que é a condição para a felicidade autêntica. Para se persuadir, basta refletir a isto, por um instante: esperar, por definição, é não estar feliz, mas é estar sim na espera, na falta, no desejo insatisfeito e impotente: "Esperar é desejar sem gozo, sem saber, sem poder."[7] Sem gozo, pois só se espera o que não se tem; sem saber, pois a esperança implica sempre uma certa dose de ignorância quanto à realização dos fins visados; sem poder, uma vez que ninguém poderia esperar aquilo cuja realização depende plenamente de si mesmo. Não só a esperança nos coloca dentro de uma tensão negativa, mas, além disso, nos faz falhar no presente: preocupados com um futuro melhor, esquecemos que a única vida que vale ser vivida, a única que, simplesmente, seja, é esta que se desenvolve às nossas vistas, aqui e agora. Como diz um provérbio tibetano, é o instante presente e a pessoa situada à minha frente que, sempre, contam mais do que todo o restante...

Por que se deveria, em tais condições, "entrar na esperança"? Melhor seria evitá-la como o inferno, se considerarmos este aforismo hindu do século XV: "O desesperado é feliz... Pois a esperança é a dor maior, e o desespero, a bem-aventurança maior."[8] Sábio é aquele que sabe se desprender do mundo e alcançar o estado de

---

[7] Cf. *Sagesse et désespoir*, in *Une éducation philosophique*, PUF, 1989, p. 352.
[8] Citado por André Comte-Sponville, *ibid.*, p. 349.

Do sentido da vida: o recuo de uma questão

"desapego". Se uma esperança ainda subsiste, é a de um dia se ter acesso, com paciência e exercício, à bem-aventurança do desespero. É, então, na reflexão sobre a morte e sobre o mal em todas as suas formas que se deve situar o sentido da vida. Ouçamos o Dalai-Lama: "Refletindo na morte e na impermanência, você começa a dar um sentido à sua vida."[9] pois somente tal meditação, sendo bem conduzida, pode nos ajudar a nos livrarmos de todos os "vínculos"[10] que nos tornam vulneráveis ao sofrimento, sejam esses vínculos de ordem material ou afetiva:[11] "Quem pratica o *dharma* (o ensinamento de Buda) pensa todo dia na morte, reflete nos sofrimentos dos humanos – as tormentas do nascimento, do envelhecimento, da doença e da morte. É como morrer mentalmente a cada dia. Com tal familiaridade, ele estará inteiramente pronto quando, enfim, encontrá-la."[12] Além do efeito benéfico assim produzido por esse preparativo, os exercícios e as práticas implicados, numerosos e difíceis, proporcionam o ganho de se determinar uma finalidade clara para a existência humana inteira: "A vantagem de se estar consciente da morte é a de se dar um sentido para a vida, e saborear sua aproxima-

---

[9] *La voie de la liberté*, Calmann-Lévy, 1995, p. 67.

[10] "A prática budista nos adverte para que não ignoremos os infortúnios, mas que os reconheçamos e enfrentemos, nos preparando de imediato para, no momento de experimentá-los, o sofrimento não ser totalmente intolerável... Você deve se esforçar, dada a sua prática espiritual, para se desvincular dos objetos do vínculo..." (*ibid.*, p. 68). Outros budistas insistem, mais do que o Dalai-Lama, no fato de a luta contra os vínculos não levar à desvinculação, à indiferença, mas a um "não-vínculo" que não exclui a alegria de viver. (Cf. Sogyal Rinpoché, *op. cit.*, p. 63.)

[11] "De tanto nos preocuparmos com esta vida, temos tendência a trabalhar para aqueles de quem gostamos – nossos próximos e nossos amigos – e nos esforçamos para que sejam felizes. Se outros tentam prejudicá-los, logo lhes colamos o rótulo de inimigos. Dessa maneira, ilusões como o desejo e o ódio crescem como um rio na cheia do verão" (*ibid.*, p. 68). Somente a vida monástica nos permite evitar essas vulnerabilidades a que nos expõem inevitavelmente o amor e a amizade (*ibid.*, p. 149, 143).

[12] *Ibid.*, p. 69.

ção faz com que se morra sem se lamentar."[13] E o Dalai-Lama insiste: "Refletindo na morte e se mantendo constantemente consciente disto, a vida ganha todo seu sentido."[14]

A finalidade de uma existência autêntica? Ela reside na desconstrução radical das ilusões do Eu: é quem, sempre, tem "vínculos". É quem, sempre, egoísta, resiste e se agarra às diversas posses, em vez de se fundir, como por antecipação, no espírito universal e impessoal ao qual deveria sabiamente pertencer. Pois a ilusão do vínculo, que nos faz "fortemente desejar belas pessoas, belas coisas ou experiências agradáveis"[15] nada é senão conseqüência da ilusão primeira, da qual dependem todas as demais e que é a do "si mesmo".[16] A partir daí, "o antídoto que vai eliminar as ilusões é a sabedoria, realizando a ausência de si".[17]

Pode-se aí medir o abismo separando a reencarnação budista da ressurreição cristã. Errado seria imaginar que a primeira é o equivalente "oriental" da imortalidade de uma alma pessoal. É o exato oposto: não a recompensa por uma fidelidade ao divino, mas o castigo que o destino reserva a quem não atingiu ainda o despertar autêntico, a quem a vida não bastou para que se libertasse das ilusões

---

[13] *Ibid.*, p. 70.

[14] *Ibid.*, p. 72. E, ainda, na página 82: "A consciência da morte é a pedra angular do caminho. Antes dessa tomada de consciência plena e inteira, todas as outras práticas permanecem entravadas."

[15] *Ibid.*, p. 143.

[16] "Da mesma maneira, acreditamos erradamente que o corpo e o espírito possuem uma espécie de si mesmo – disso decorrem todos os outros engodos, como o desejo e a cólera. Por causa dessa atitude egoísta, desse equívoco do si mesmo, há a distinção entre nós e os outros. Em seguida, em função da maneira como os outros nos tratam, gostamos de alguns, aos quais nos vinculamos, e consideramos outros mais distantes, classificando-os como inimigos. Experimentamos, então, a cólera e o ódio..." (*Ibid.*, p. 144.)

[17] *Ibid.*, p. 148.

Do sentido da vida: o recuo de uma questão

do Eu, e que se vê, por isso, condenado a retornar ao oceano de sofrimento que é a vida, prisioneira dos ciclos de nascimento e de morte (*Samsara*). Um "curso de recuperação", de certa forma, para que o Eu pessoal, que é, em seu conjunto, medíocre, tenha uma outra chance de afinal se libertar em benefício do espírito, que é, em seu conjunto, impessoal. Para os mestres orientais, "o sujeito não é o que se trata de salvar, mas aquilo de que se deve se salvar".[18] Ao contrário da idéia segundo a qual o abismo entre o Oriente e o Ocidente seria insuperável e que as duas culturas seriam absolutamente impermeáveis uma à outra, temos em nossa tradição filosófica vários equivalentes desse elogio do desespero.[19] Entre os estóicos, é claro, mas também na definição espinosista da liberdade como "inteligência da necessidade", ou ainda em Nietzsche, quando ele defende "a inocência do devir", beneficiando aquele dom do artista que cria sem "má consciência" nem "ressentimento".

É bela essa moral do desespero. Sem dúvida traz um precioso reconforto a quem sonha, de uma vez por todas, em dar fim às angústias da finitude. A quem não agradaria viver em estado de graça, podendo degustar sem reticência nem subterfúgios a vida de cada instante, a vida do presente, a qual, de fato, as interrogações relativas ao futuro ou as nostalgias do passado podem prejudicar, quando se vive na dimensão do "projeto"? No entanto, a desconfiança introduz. Às vezes se diz do Deus dos cristãos que ele é conveniente demais para ser de verdade e que haveria, afinal, tantos motivos para inventá-lo que ele, muito provavelmente, talvez não passe de uma invenção. Pessoalmente, tenho tendência a achar o mesmo com relação a essa sabedoria esquecida demais do eu para ser confiável.[20] Eis aqui, bem simplesmente, por quê.

---

[18] André Comte-Sponville, *op. cit.*, p. 53.

[19] É, aliás, o que demonstram os livros de André Comte-Sponville.

[20] As objeções que seguem não dizem respeito à André Comte-Sponville. Em *Valeurs et vérité*, ele justamente nos convoca a distinguir entre as diferentes ordens do real,

LUC FERRY ⊖ O HOMEM-DEUS

Por mais que eu tente, não consigo achar o universo tão perfeito nem a ordem cósmica tão harmoniosa, para que a exigência de se aderir a isso sem restrição, a ponto de sempre amar o instante presente, tenha qualquer significação. O argumento parece trivial, o que sem dúvida é verdade, mas acho-o, no entanto, irrefutável: como recomendar a reconciliação com o que *é*, recomendar a adesão total ao destino, ao *amor fati*, quando o mundo nos oferece a imagem de Auschwitz ou de Ruanda. Por que e em nome de quem tal imperativo?

Pode-se dizer que em nome do monge, que vive em suas alturas, entre o céu e a terra. E é possível que nos recomendem algum retiro. Mas o monge, em que se distingue *monos*, é aquele que vive só. Ele não se casa, não tem família nem amigos. Ele ignora, ao contrário do próprio Cristo, o amor humano. Ele quer erradicar seu eu. Tudo bem. Mas fazemos, ou pior ainda, queremos absolutamente o inverso disso. Certos métodos dietéticos nos propõem, ao mesmo tempo, comer e emagrecer. Gostaríamos, igualmente, de amar e não sofrer, tomar o que o nosso universo individualista oferece de melhor aos nossos olhos e corrigi-lo com algumas doses de budismo. Mas não pode ser assim, e o budismo, para quem não é monge, ou seja, para quem não o leva a sério, poderia eventualmente ser mais do que uma dietética espiritual?[21]

---

de tal maneira que não se possa reduzir a esfera da "moral" (da lei imperativa) àquela, espiritual, da "ética" (que é amor). Todo o problema, é claro, colocado por essa justa distinção entre as ordens, é o de evitar que uma ordem superior faça parecer "ilusória" a inferior. Pois poderíamos, então, ficar tentados a estipular como finalidade da filosofia, como busca da sabedoria, a elevação àquela última, nos poupando das demais. Só então, e somente aí, uma tal mística do amor deixaria de ser humana e entraria, acho eu, no terreno das objeções que formulo.

[21] Disso também decorre a aura simpática de que gozam as formas de espiritualidade consideradas menos "autoritárias" do que a defendida hoje em dia pela Igreja

Do sentido da vida: o recuo de uma questão

Admitamos, todavia, a vida de um monge. Resta, apesar de tudo, um eu. Mas como um eu poderia desconstruir as ilusões do eu? Ao *querer* o desespero, ele não se encontra ainda, de certa maneira, na esperança? E *visando* a se emancipar de qualquer projeto não se encontra ainda inscrito em um projeto? Contradição performativa: o dogmático pensou acertadamente, apenas esqueceu de pensar seu próprio pensamento. O tempo todo o "sábio" está fora de si, o tempo todo ele se vale de alguns "é preciso", volta à crítica do presente, quer mudar o mundo, nem que seja induzindo seus discípulos à desvinculação... Segundo um paradoxo, no qual se pode enxergar a enorme profundidade do budismo ou o seu calcanhar-de-aquiles, ele determina como sentido para nossa vida chegar a uma visão do mundo em que a questão do sentido desaparece.

---

católica. Ao entrevistar o Dalai-Lama, Jean-Claude Carrière se felicitou por ter com ele descoberto uma visão do mundo "que não pede absolutamente a adesão a qualquer dogmatismo", mesmo quando seus suportes mais tradicionais e menos contestáveis, como a noção de reencarnação, estão em jogo: "Eis a resposta que me deu o Dalai-Lama: 'Para nós, orientais, a reencarnação é antes de tudo um fato. Mas se a ciência demonstrar que não é assim e que isso não tem fundamento, nós, então, devemos abandoná-la!' Mais uma vez, no lugar de apresentar uma resposta a partir da revelação divina, o budismo deixa aberta a questão, pendente. Da mesma forma, com relação à existência de Deus. Não se nega sua existência, nem se afirma. Pode ser admitida, se isso permitir o verdadeiro trabalho, que consiste em ir buscar a verdade em si, em fazer o caminho por si mesmo" (*L'Express*, 25 de maio de 1995). Religião *à la carte* em suma, da qual me permitam achar que ela se conforma melhor ao espírito do tempo, materialista e libertário, do que aos textos canônicos. Sobretudo há uma certa dificuldade em se perceber como uma doutrina que pretende se afastar, primeiramente e antes de tudo, das ilusões do "Si mesmo" poderia se remeter a ele como critério último para toda verdade. Pouco importa: é assim mesmo que muitos ocidentais a percebem, e essa percepção, qualquer que seja seu índice de deformação, é sem dúvida significativa da exigência do "pensar e viver por si mesmo", tão característico das sociedades democráticas. Com relação a isso, o budismo com face humana, que hoje em dia nos é comumente apresentado, ocupa simpática posição alternativa contra as versões integristas das religiões reveladas.

A *estrutura pessoal do sentido*

Esse ponto merece reflexão. O que, de fato, significa a palavra sentido? Partamos de uma experiência que todos compartilhamos: essa que consiste, justamente, em procurar o significado de uma palavra que ignoramos, uma palavra, por exemplo, de uma língua estrangeira. Curiosamente, a expressão que vem ao espírito é a seguinte: "O que isso *quer* dizer?" Expressão no mínimo estranha, de tal forma, em princípio, que não se vê muito bem o que vem fazer aqui a *vontade*. Por que, afinal, não se contentar com a pergunta: "O que diz essa palavra?" Não bastaria para se obter a informação desejada? Por que o *querer*, ou seja, no caso, *a intenção de um sujeito*, isto é, a presença subjacente de uma *pessoa*, de um *Eu*, estariam tão essencialmente ligados à própria idéia de sentido a ponto de não podermos nos poupar disso em uma questão, no entanto, tão banal?

A resposta se impõe por si só. De fato, para que uma palavra possua um sentido, é preciso que acene para uma dupla exterioridade ou, se preferirmos, uma dupla transcendência: de um lado, a transcendência de um significado (ou de um referente, aqui pouco importa); de outro, a da intenção de um sujeito, necessariamente suposto no plano de fundo.

Tomemos um exemplo: se uma placa sinalizadora tem um "sentido", não é somente por indicar uma direção (o que, por exemplo, também fazem as estrelas, sem dúvida mais bonitas e, entretanto, isentas de sentido), mas porque foi *intencionalmente* criada por alguém (mesmo um "alguém" anônimo, como uma administração pública) que quer se comunicar conosco e nos transmitir certas informações.

Pode-se colocar o seguinte axioma: não tem ou não faz sentido tudo que for alheio a uma vontade, mesmo que inconsciente, como em um lapso, tudo que não for, de alguma forma, manifestação de

Do sentido da vida: o recuo de uma questão

uma subjetividade: assim, por exemplo, ninguém há de perguntar qual o "sentido" de uma árvore, de uma mesa ou de um cão. Mas, por outro lado, pode-se perguntar qual o sentido (o que *quer* dizer) de uma palavra, de uma observação, de uma atitude, de uma expressão facial, de uma obra de arte ou de qualquer outro sinal, em geral, do qual se supõe, de maneira certa ou errada, ser ele expressão de uma vontade qualquer, o sinal de uma personalidade qualquer. Por isso perguntar o sentido de uma estrela, de uma árvore ou de um animal seria demonstrar superstição. Seria considerar, como Berkeley fazia, que a natureza é a linguagem de uma vontade oculta, a vontade de Deus. Ainda por isso, colocar a questão do sentido do mal só é possível por uma perspectiva em que se admite a realidade de um sujeito livre, de uma vontade responsável que está em sua origem.

Apenas o humanismo se mostra assim capaz de justificar a questão do sentido, ali onde todas as formas de anti-humanismo nos levam a aboli-la em benefício de uma submissão ao ser ou à vida. Pois o sentido só existe em relações de pessoa a pessoa, no laço que une duas vontades, sejam elas pensadas ou não como puramente humanas. As cosmologias que nos levam a sublimar o eu, a nos alçarmos acima das ilusões da subjetividade, com a finalidade de nos desvincularmos de nós mesmos e nos prepararmos para a morte, apontam, dessa forma, como único e exclusivo sentido para a vida humana... fazer com que nos livremos para sempre da problemática do sentido.

E é nisso, aliás, que elas aliviam, é nisso também que combinam tão bem com o materialismo contemporâneo, pois ocultam o paradoxo fundamental de nossa situação: como humanistas, não podemos totalmente abrir mão da questão do sentido, mesmo enquanto o universo do trabalho e do consumo que nos cerca nos leva a isso por todos os lados. Não cessamos de querer decifrar a significação do que nos acontece, e quando o mal se abate, quando a morte vem, com seu

LUC FERRY ⊖ O HOMEM-DEUS

absurdo, não conseguimos impedir a pergunta: "Por quê?" Mas como humanistas desiludidos, leigos, precisamente, não podemos responder, não dispomos mais desse sujeito absoluto, propriamente divino, que vinha antigamente pôr ponto final à série infinita das interrogações e das significações parciais. É essa contradição que constitui, o mais profundamente, o espaço da questão do sentido nas sociedades democráticas. É a ela que essas novas formas de espiritualidade gostariam, hoje em dia, de anular, persuadindo-nos de que basta amar o destino, apesar de ele nada ter de amável. Como se devesse desaparecer, após a "morte de Deus", até mesmo o pressentimento de qualquer transcendência. Pode ser, no entanto, que, em vez de fugir dessa contradição, precisemos aprofundá-la e pensá-la. Pode ser que nem toda transcendência tenha desaparecido apenas em prol da ordem cósmica ou do indivíduo rei, mas que se tenha transformado, para se adequar aos limites que o humanismo moderno passou a lhe impor.

O fim do teológico-ético

Desde Nietzsche, ou mesmo desde a filosofia das "Luzes", com sua crítica da superstição, quantidade de análises consideraram o nascimento do universo democrático efeito de uma ruptura com a religião. "Morte de Deus", "desencantamento com o mundo" (Weber, Gauchet), fim do "teológico-político" (Carl Schmitt), "secularização", "laicização": mais ou menos controladas e controversas, essas expressões simbolizam hoje as múltiplas interpretações[22] de

---

[22] Impossível citar aqui, exaustivamente, a lista de obras dedicadas ao assunto. Dentre os livros recentes, o de Marcel Gauchet, *Le désenchantement du Monde*, Gallimard, 1984, já aparece na França como um clássico. No plano ético, *Le crépus-*

Do sentido da vida: o recuo de uma questão

uma mesma realidade: o advento de um universo leigo, no seio do qual a crença na existência de um Deus não estrutura mais o espaço político. Não que esse tipo de crença, como sublinhou Gauchet, tenha desaparecido. Mas se tornou, para a maior parte de nós, um negócio pessoal, remetendo-se à esfera do privado – sendo a esfera pública levada a observar uma estrita neutralidade quanto a isso.

Para a maioria de nós, então, a lei moral perdeu, após a lei jurídica, sua característica sagrada ou, pelo menos, sua ligação com fontes religiosas reveladas. Como o restante da cultura moderna de que participa, ela se colocou na "escala humana". O fim do teológico-político – esse eclipse da teologia moral que João Paulo II não parou de denunciar – nos faz, desse modo, entrar em um círculo do qual é difícil, senão impossível, se abstrair: as questões existenciais, cujas respostas eram mais ou menos automáticas no universo tradicional, passaram a surgir com uma acidez inédita nas sociedades democráticas, onde são tragadas no turbilhão infinito da autonomia. O casamento, a educação dos filhos, a fidelidade, a relação com o dinheiro, com o corpo, as interrogações levantadas pela evolução das ciências e das técnicas não são mais regidos por regras facilmente identificáveis. Na verdade, quanto mais essas questões se colocam, mais difícil é respondê-las de maneira coletiva, desprovidos que estamos, *a priori*, de qualquer critério preestabelecido. Por essa mesma razão, quanto mais os critérios se esvaem, ao mesmo tempo que se esvai o

---

cule du devoir (Gallimard, 1992), de Gilles Lipovetsky, igualmente abre perspectivas interessantes. Na Alemanha, deve-se mencionar o monumental trabalho de Hans Blumenberg: *Die Legitimität der Neuzeit*, Suhrkamp, 1966, que renova e aprofunda as análises já antigas, mas notáveis, de Cassirer (*Individu et Cosmos dans la philosophie de la Renaissance*, Minuit, 1983). Sobre os planos de fundo religiosos do mundo leigo, citemos também H. R. Trevor-Roper, *De la Réforme aux Lumières*, trad. Gallimard, Paris, 1972, e, é claro, Karl Barth, *La théologie protestante au XIXe siècle* (1946), trad. Labor et Fides, Genebra, 1969.

LUC FERRY ⊖ O HOMEM-DEUS

mundo da tradição e da teologia moral, multiplicam-se os aspectos da vida que entram no campo da interrogação individual.

Temos, então, uma ética fundada no homem. O advento do humanismo moderno significaria que demos fim a toda forma de espiritualidade? Para a maior parte de nós, ateus ou agnósticos, integrados em uma estrita laicidade, a resposta obrigatória é sim. Impôsse a idéia de que as grandes éticas leigas, nascidas no século XVIII – se necessário atualizadas e aplicadas às nossas questões de hoje –, *bastam*. O republicanismo kantiano, por exemplo, se estendeu na preocupação com o aperfeiçoamento de uma "ética da discussão" (Habermas), com a integração de um "princípio de responsabilidade" (Jonas, Apel), e o utilitarismo inglês passou a apelar a modelos matemáticos, para operar seu famoso "cálculo dos prazeres e das dores". Mas quanto ao fundo, essas grandes visões morais do mundo continuaram a constituir os fundamentos dos nossos sistemas jurídicos. Pensando nos Antigos, ou mesmo nos fiéis a uma religião de hoje em dia, espontaneamente temos tendência a situar seus valores dentre as inevitáveis "sobrevivências" das tradições passadas. Dizemos, mais ou menos, o seguinte: "Eles tinham a religião (ou a cosmologia), nós temos a moral." E isso, com efeito, basta para saber como nos comportar na vida diária. Não é preciso religião para ser honesto ou caridoso. Não é preciso acreditar em Deus para cumprir seu "dever". Bem mais: o combate pela laicidade vale ainda – ah! quão merecidamente! – como prioridade. E, no caso do islã, isso incontestavelmente passa pela crítica de uma teologia que parece incapaz de pensar sua própria separação da política. Nossa fibra republicana, para não dizer anticlerical, encontra ainda atrativos bastantes para nos mantermos atentos contra as vantagens de uma "saída da religião". O simples nome de Salman Rushdie bastaria para nos lembrar disso.

Do sentido da vida: o recuo de uma questão

Não se discute a causa. Ela, aqui, não está em questão. O que, pelo contrário, está, é o propósito que teriam as morais leigas, já maduras, de dar fim à problemática da transcendência. Sob pelo menos dois aspectos decisivos, elas me parecem incapazes de evitar isso por completo.

Fica claro, primeiramente, que a exigência da "preocupação com o outro" e até mesmo, se for o caso, do "dom de si" não desapareceu das grandes éticas leigas. Que elas determinem lutar contra o egoísmo, em nome de uma ação desinteressada, ou preferir a felicidade da maioria àquela de um só, nossas morais modernas estampam ideais que se pretendem, de certo modo, *superiores à vida*. É o critério, contra o qual já se irritava Nietzsche, mais comprovado de um pensamento ainda "religioso". Supor que certos valores transcendem à própria vida é, de fato, trazer de volta, mesmo que no campo do ateísmo, a estrutura sem dúvida mais essencial de qualquer teologia: essa da vida cá na Terra e a do além. Pois bem, por esse dualismo as morais humanistas não se põem absolutamente de luto. Mais vale ser "vermelho do que morto", colaborador do que prisioneiro em campo de concentração, pacifista muniquense do que partidário de uma guerra justa? Tais questões, e algumas outras do mesmo tipo, não param de perturbar a consciência moderna. Que a covardia muitas vezes ganhe, em nossos comportamentos políticos ou pessoais, nada muda nesse caso. Essas interrogações continuam a traçar, para nós, os limites entre o bem e o mal, sem que sequer precisemos pensar. E se nosso compromisso for solicitado de maneira mais visceral, menos formal, porque a vida de nossos próximos, por exemplo, está em jogo, percebemos o quanto a idéia do risco de morte está longe de ter desaparecido do campo das nossas preocupações morais – como deveria ser o caso, afinal, se o humanismo tivesse, como queria Nietzsche, levado as conseqüências da desconstrução rigorosa da religião até seu último limite. Se ele se confundisse com uma apologia das forças vitais, com uma antropologia individualista da "preocupação consigo mesmo", exclusivamente.

A essa estranha persistência da transcendência – de um além, ao que parece, inencontrável – se acrescenta o pressentimento de que a moral, mesmo a mais perfeita, na verdade, "não basta". Se for, antes de tudo, de "se comportar bem" que se trata, de escolher as "boas" regras de conduta, de aplicá-las corretamente aos casos particulares... e de respeitá-las, nada impede que se imaginem programas informáticos kantianos ou utilitaristas podendo nos indicar, sem erro, quais são, em cada caso, as decisões certas. Não por acaso, aliás, as modernas teorias da justiça mobilizam cada vez mais, hoje em dia, uma reflexão lógico-matemática sobre as "escolhas racionais".[23] Em boa lógica, de fato, qualquer indivíduo que aceite os princípios universalistas das éticas modernas sabe muito bem que as decisões não se impõem a ele em número infinito e que também não são inteiramente arbitrárias. Longe disso. Impossível, por exemplo, é ser defensor dos direitos humanos e racista. Impossível, também, é aceitar, dentro dessa maneira de ver, uma diferença de estatuto entre os homens e as mulheres, considerar que seu interesse pessoal passa *a priori* diante do interesse dos outros etc.

Pode-se, então, imaginar um autômato moral, um robô que se comporte adequadamente em qualquer situação.[24] Claro está, no entanto, que não seria com quem escolheríamos passar nossa vida. E isso (entre outras coisas) por uma razão evidente: o respeito pelas regras, por excelente que seja, não possui, *como tal, qualquer carac-*

---

[23] Penso na maneira como John Rawls apresenta como uma necessidade a escolha dos seus dois princípios de justiça.

[24] Cf. André Comte-Sponville, *Le capitalisme est-il moral?*, *in Valeur et vérité. Etudes Cyniques*, PUF, 1994.

Do sentido da vida: o recuo de uma questão

terística humana, ou seja, sentido algum, se admitirmos que o "querer dizer" (como se ouve na expressão "o que isso *quer* dizer?") é uma qualidade do *sujeito*. A moral é útil e também necessária: mas se mantém na ordem negativa da proibição. Se as éticas leigas, mesmo as mais sofisticadas e mais perfeitas, devessem constituir o horizonte último da nossa existência, algo ainda nos faltaria; na verdade, o essencial. Esse algo, é claro, melhor se revela pela experiência desses valores que os comunitaristas chamam "viscerais" ou "substanciais".[25] A começar pela mais alta de todas: o amor (com relação aos indivíduos, assim como às comunidades de origem).

O respeito pelas formas e pelos procedimentos democráticos fundamenta o Estado de direito. Ele, sem dúvida, constitui, na ordem moral e política, o valor supremo, a indispensável mureta de proteção. Mas se devêssemos nos limitar a isso, permanecer em uma moral da lei – e toda moral moderna se reduz a isso –, a própria política não valeria uma hora de labuta. Foi o que, sem dúvida, quis dizer Camus, ao declarar preferir sua mãe à justiça. E o que André Comte-Sponville, mais uma vez, desenvolveu em seu *Petit traité des grandes vertus*, retomando desse modo a longa tradição que se conhece: se tivéssemos amor, não precisaríamos da moral! Sendo esse amor autêntico, é claro, o que é preciso averiguar, ele tornaria supérfluo todo imperativo categórico, toda forma de incitação ao respeito do outro, de proibição pesando sobre o egoísmo, de injunção ao esquecimento de si. Desnecessário, em regra geral, dizer a uma mãe que ela deve alimentar seu filho...

Ora, trata-se aí, novamente, de uma transcendência. Não mais aquela de Deus, impondo-se a nós do exterior. Nem sequer dos valo-

---

[25] Cf. Charles Taylor, *Le malaise de la modernité*, Cerf, 1994.

res formais, que enigmaticamente nos parecem já ultrapassar a imanência egoísta, para si, mas de uma transcendência que se situa além do bem e do mal. Porque ela é da ordem do sentido, e não mais daquela do exclusivo respeito da lei.

Deve-se, então, afastar o mal-entendido segundo o qual a modernidade, reduzida a uma "metafísica da subjetividade", estaria na equação: onipotência do ego = individualismo narcísico = fim da espiritualidade e da transcendência, em benefício da imersão total no mundo da técnica, antropocentrista e materialista.

Pode ocorrer, no exato oposto desses lugares-comuns ordinários das ideologias antimodernas, que o humanismo, em vez de abolir a espiritualidade, mesmo que em benefício da ética, nos dê acesso, pelo contrário e pela primeira vez na história, a uma espiritualidade autêntica, livre de seus ouropéis teológicos, enraizada no homem e não em uma representação dogmática da divindade. O que é propriamente inédito, no humanismo, não são os valores que ele promove: nenhuma necessidade de se esperar Kant e Bentham para aprender que não se deve mentir, violentar, trair ou sistematicamente procurar o mal para seus vizinhos. Os valores fundamentais dos modernos, apesar do que se diz por aí, nada têm de original... nem de tão moderno. O que é novo, em troca, é que sejam pensados a partir do homem, e não deduzidos de uma revelação que o precede e engloba. O que é novo, sem dúvida, é que a transcendência indefinível que esses valores testemunham se descobre, por sua vez, no coração do ser humano e que ela possa, desse modo, se acordar ao princípio dos princípios constitutivos do humanismo moderno: o da rejeição dos argumentos de autoridade.

Do sentido da vida: o recuo de uma questão

Recusa dos argumentos de autoridade ou rejeição da transcendência?

A idéia de que deveriam aceitar uma opinião por ser ela a das autoridades, quaisquer que sejam, inspira tão essencialmente náuseas aos Modernos, que ela pode ser usada para os definir. É verdade que às vezes acontece de confiarmos em determinada pessoa ou instituição, mas o próprio gesto deixou de ter seu sentido tradicional: se aceito seguir a decisão de um outro é, em princípio, porque fabriquei "boas" razões para isso, e não por a autoridade se ter imposto a mim a partir do exterior, sem reconhecimento prévio emanando de minha convicção íntima e, se possível, refletida.

Pode-se, com razão, fazer a objeção de que a realidade está bem longe de corresponder a tal princípio, pois os indivíduos ainda seguem modas e *líderes*. Mas é dentro dessa nova concepção de legitimidade – enraizando-se na consciência de cada um, e não na tradição herdada ou no fascínio carismático – que pretende se repousar o universo democrático, tanto no plano político quanto no intelectual e científico. E é justamente em nome de tal legitimidade que a alienação motivada por um *Führer* é incessantemente escorraçada pelos que se filiam a seus ideais.

Aquele gesto inaugural, as *Meditações* de Descartes, consagrou isso na filosofia, antes que se repetisse nos fatos, um século e meio mais tarde, com a Revolução Francesa: se é preciso fazer tábula rasa do passado e submeter à dúvida mais rigorosa as opiniões, crenças e preconceitos que não tenham passado pelo crivo do exame crítico, é porque convém só se admitir em sua crença, exclusivamente, aquilo de que se pode ter certeza por si próprio. Daí decorre, também, a nova natureza, fundada na consciência individual e não mais na tradição, da única certeza que se impõe, antes de todas as demais: a do sujeito em sua relação consigo mesmo. Pode ser que todas as minhas opiniões sejam falsas, pode ser que um Deus enganador ou um gênio maligno estejam se divertindo e me iludindo quanto a todas as coisas. Algo, pelo menos, é certo: eu preciso existir, para que me enganem. O modelo para toda verdade se situa, assim, na certeza absoluta da presença, para si, de si mesmo.

Os que crêem têm, às vezes, tendência a descrever o mundo moderno como um mundo do qual a experiência teria sido banida ou desvalorizada em favor dessa fria razão que triunfa nas esferas materialistas da ciência e da produção mercantil. No entanto, o princípio racionalista da rejeição do argumento de autoridade é inseparável de uma verdadeira sacralização da experiência vivida: é justamente por a religião pretender se impor a mim, sob a forma de uma autoridade exterior, texto "revelado" ou dignitário clerical, isto é, por um modo que parece se opor ao exame da minha consciência íntima, que ela deve se submeter à crítica. Foi esse, como se sabe, o destino que lhe reservaram os filósofos do século XVIII, em sua maioria, e nisso foram fiéis à liberdade cartesiana de espírito.

É desnecessário, então, opor a experiência vivida, "rica e sensível", à experimentação científica ou ao raciocínio lógico, ambos "intelectuais e secos". Na visão moderna de rejeição dos argumentos de autoridade, todas as esferas em que se forma uma crença estão igualmente submetidas ao princípio da presença para si, sejam elas espirituais, éticas, estéticas ou, é claro, científicas: vi, de fato, o que acredito ter visto, não me terei enganado, não fui induzido por meus sentidos ou por algum artifício ilusório que me tenha escapado? Nesse caso, a experiência que pensei ter vivido não seria realmente *minha*, já que eu estava, sem me dar conta, afastado de mim mesmo, literalmente fora de mim, ou ao lado. Terei encadeado bem as razões que me levaram a admitir tal conclusão ou tal outra? Pois qualquer

Do sentido da vida: o recuo de uma questão

petição de princípio que haja, qualquer erro lógico, seria como um salto, uma exterioridade entre mim e minha conclusão que, a partir daí, não seria mais realmente *minha*. Conduzirei bem a experimentação à qual me dedicava, "isolarei bem as variáveis", corretamente formularei minhas hipóteses? Sem isso, as conclusões hão de me escapar novamente, e eu vou chegar às névoas do erro e não ao céu da verdade científica. É o tipo de interrogação pela qual o trabalho dessa razão, que se diz fria e desencarnada, incessantemente se remete a uma subjetividade concreta e apaixonada.

Orgulho do *Ego* moderno, que quer tudo fazer entrar em si, anular toda dependência com relação a um exterior do qual, no entanto, muito evidentemente, ele depende por todos os lados? Como se não tivesse nascido na terra por meios externos a si mesmo. Não está ele mergulhado, desde a infância, em uma língua, uma cultura, um meio social e familiar aos quais ele pertence, mais do que estes lhe pertencem? E essa finitude inaugural não volta a se encontrar, inclusive, no inevitável destino de mortal, que não domina a hora nem o lugar de seu próprio desaparecimento? Nessas questões, em torno das quais se opõem românticos e simpatizantes da filosofia das Luzes, reside um equívoco: não há antinomia entre a reivindicação de autonomia, que anima os Modernos, e a persistência de certas formas de heteronomia, ou mesmo de dependência radical. Bem pelo contrário, o princípio moderno implica a emergência de figuras inéditas da heteronomia. Só que essa heteronomia é rearranjada, pois deve ser articulada às novas exigências do indivíduo.

Não confundamos o ideal de autonomia com a afirmação metafísica absurda da auto-suficiência do eu absoluto. Estaríamos, simplesmente, em pista falsa. Presença para si e domínio de si, compreendidos como princípios antiautoritários, não significam que toda ligação com relação a uma exterioridade esteja anulada ou seja contestada. A própria dúvida cartesiana, quanto aos preconceitos herdados, não exige que toda tradição deva, como tal, ser rejeitada. Ela, antes, exige que a tradição se torne, *de certa maneira, minha* e, para isso, que eu a submeta a exame. Pode-se dizer, de modo ainda aproximativo, que a transcendência, assim, passa da ordem do *antes*, com relação à minha consciência, à do *após*. Dependência radical, transcendência absoluta talvez, mas, primeiramente e antes de mais nada, fixadas em minhas certeza e experiência reais, na independência do si e na imanência para si.

Vamos mais longe: o princípio moderno da recusa dos argumentos de autoridade anula tão pouco a dependência com relação à alteridade que, inclusive, a afirma, mais do que qualquer outro. A questão do estatuto do sentido, da espiritualidade no mundo leigo, se desdobra aqui: como, para empregar a linguagem da fenomenologia, pensar "a transcendência dentro da imanência para si"?

A transcendência na imanência

Em *A idéia da fenomenologia*, Husserl confiou à "ciência rigorosa", que ele acreditava fundar, a tarefa de derrubar uma contradição clássica, desde Descartes, na filosofia moderna: do ponto de vista do sujeito, que só pode ter como absolutamente certos os dados imediatos de sua consciência, a relação com o mundo não é óbvia. Conhecemos o velho argumento do sonho, que nos faz crer na existência de objetos que não têm outra realidade senão a da nossa consciência. Toda "transcendência", então, é problemática.[26] Donde a tentação

---

[26] Rigorosamente, com efeito, a "posição de um 'ser não imanente', de um ser contido dentro do fenômeno, apesar de nele visada... é excluída, isto é, é suspensa". Esta é a nova formulação da dúvida cartesiana: o que é absolutamente certo é que tenho,

Do sentido da vida: o recuo de uma questão

do idealismo, que nega a existência do mundo material e reduz o ser à representação. Não posso, no entanto, fazer abstração do fato de os meus conteúdos de consciência se remeterem, no seio mesmo do meu interior, a objetos que parecem bem exteriores a mim.[27] Quando abro os olhos para o mundo, ele me parece indiscutivelmente livre de minha consciência. Eu, então, tenho em mim (imanência) o sentimento impositivo do "fora de mim" (transcendência).

À primeira vista, o problema parece um tanto escolástico. Mas, diante dessa questão aparentemente "técnica", a fenomenologia desenvolveu uma tese cujo alcance ultrapassa muito o quadro estreito de uma filosofia de professor. Ela procura mostrar, em um paradoxo que resume todo o seu objeto, que meus conteúdos de consciência *contêm mais do que efetivamente contêm*, que há, por assim dizer, uma parte invisível em tudo que é visível, uma ausência no seio de toda presença. Mesmo sem recorrer a um raciocínio de ordem intelectual, não deixo de "perceber" certas estruturas que, em sentido próprio, não se colocariam *efetivamente* em minha consciência, se esta fosse um puro espelho objetivo, um simples aparelho de registro (máquina fotográfica ou gravador). Evocando um exemplo famoso, quando digo que "vejo" um cubo, na verdade vejo apenas três faces dele. O que, *stricto sensu*, é "efetivamente imanente" em mim são essas três faces, não o cubo como tal, cujas seis faces, que não podem ser vistas "de uma só vez", transcendem sempre o que

---

de fato, em mim mesmo, estados de consciência e que esses estados de consciência possuem este ou aquele conteúdo. Quanto a saber se esses conteúdos são "verdadeiros", se eles remetem a uma realidade exterior transcendendo minha representação, isso permanece, por enquanto, problemático.

27 "... essa relação com o objeto transcendente, mesmo que eu ponha em questão o ser deste último, é, apesar de tudo, algo que pode ser percebido no fenômeno puro. O remeter-se-ao-objeto transcendente, visar a esse objeto de uma maneira ou de outra, é manifestamente uma característica interna do fenômeno" (p. 71).

realmente se coloca em minha representação subjetiva. No entanto, essa transcendência sem dúvida está, em outro sentido, também "em mim": não preciso de qualquer demonstração para "saber" que tenho, diante de mim, um cubo. Ninguém vai dizer: "estou vendo ali três quadrados e deduzo, por isso, que deve se tratar de um cubo...". Não está errado, então, afirmar que minha percepção contém "mais do que ela contém".[28] Outro exemplo: quando ouço uma frase musical, ela não se reduz a uma série de notas isoladas, sem ligação entre elas (imanência efetiva). Pelo contrário e de maneira imediata, sem operação racional, ela constitui uma certa estrutura que transcende a imanência efetiva, sem contudo se impor a mim do exterior como um argumento de autoridade.

Essa "transcendência imanente" é, por excelência, receptora da significação última das experiências vividas: a frase musical não teria sentido algum se eu só percebesse nela (o que seria o caso se eu fosse um puro gravador de som) uma seqüência de notas separadas umas das outras, como átomos. Deve, então, ser possível pensar e descrever a transcendência, sem deixar a esfera da imanência. Não sendo demonstrativa, nem possuindo a exatidão das ciências matemático-físicas, a fenomenologia, nem por isso, deixa de ser uma disciplina "rigorosa" na descrição das obrigações objetivas que se impõem a nós. Pressente-se que tal encaminhamento terá grande complexidade, mas também extrema diversidade, pois "o excesso" caracterizando as formas de transcendências situadas, por assim dizer, "em nós" pode estar presente em todos os campos do espírito, da estética à ciência, passando pela ética e pela religião.

---

[28] Donde a distinção, proposta por Husserl, entre "a imanência efetiva" e uma "imanência autêntica" que compreende, relativamente à primeira, uma certa dose de transcendência.

Do sentido da vida: o recuo de uma questão

Sem ir mais adiante na particularidade daquele trabalho, compreende-se de imediato como ele poderia responder às exigências de um pensamento moderno da transcendência: esta última se coloca, fora de qualquer argumento de autoridade, na imanência do vivido subjetivo e *a partir dele*, por assim dizer, ou seja, como seu "aval", e não mais se impondo a ele, vinda das origens. Sugere, ao mesmo tempo, que a revelação, havendo revelação,[29] deve ser reinterpretada dentro dessa perspectiva de uma nova relação, não tradicional, com o indivíduo. De Deus, o fenomenólogo não dirá que ele nos ordena, em nome de uma tradição imposta, seguir determinada lei ou outra, realizar determinada tarefa ou outra, mas, em vez disso, que ele "vem-nos à idéia", e o faz por intermédio do rosto do nosso próximo, de um outro homem.[30] Segundo a intuição profunda de Rousseau e de Fichte, o rosto humano, imediatamente, antes de qualquer raciocínio, fora de qualquer demonstração, traz consigo um sentido que me ultrapassa e me atrai.[31] E é desse chamado, que exige uma resposta, uma responsabilidade, que surge a ética. Uma

---

[29] Cf., quanto a isso, a obra coletiva intitulada *Phénoménologie et théologie*, Critérion, 1992, e em particular o artigo de Jean-Luc Marion, intitulado "Le phénomène saturé".

[30] "Por solicitar um pensamento que pensa mais do que pensa, o Infinito não pode se encarnar em um Desejável, não pode, infinito, se fechar em um fim. Ele solicita por intermédio de um rosto. Um Tu se insere entre o Eu e o Ele absoluto", Emmanuel Levinas, *Entre nous. Essais sur le penser-à-l'autre*, Grasset, 1991, p. 69.

[31] Que Levinas não tenha, de forma alguma, desejado se explicar quanto ao *status* filosófico de suas crenças próprias, que tenha preferido manter isso como um negócio privado, talvez permanecendo, assim, dentro de um quadro tradicional, nada muda quanto ao fato de seu pensamento, inspirado na fenomenologia, poder nos incitar a inscrever a representação do sagrado dentro de uma perspectiva humanista. É estranho, nessas condições, que a fenomenologia sirva tão freqüentemente – sobretudo na tendência que vai de Husserl a Heidegger – a reintroduzir atitudes e conteúdos tradicionais, em vez de aprofundar o extraordinário potencial de modernidade que, originalmente, ela tem.

fenomenologia da transcendência poderia, desse modo, delinear o espaço de uma "espiritualidade leiga": é a partir do humano como tal, e de seu próprio seio, que se revela uma certa idéia do sagrado.

Deve-se tentar, assim, delimitar a realidade factual das formas de "dependência" ou de transcendência que o princípio moderno da recusa dos argumentos de autoridades não nos impede de reconhecer, mas nos estimula, pelo contrário, a pensar em termos novos.

O peso do passado, o nascimento da consciência histórica e a descoberta do inconsciente

A sociologia, a psicanálise e a história não param de voltar. Inclusive é este o seu verdadeiro objeto: todos somos, qualquer que seja a maneira como se entenda isso, "herdeiros". E os que cedem às ilusões individualistas da "tábula rasa", desde os cartesianos hiperbólicos aos revolucionários franceses que pretenderam reconstruir o mundo político a partir do ano I, pagam o preço mais caro do retorno desse recalcado. Mas seria errado pensar, como fazem os tradicionalistas, que as ilusões metafísicas de um sujeito autofundado estejam de acordo com o princípio moderno. Elas, antes, seguem na direção inversa: a modernidade não consiste, com efeito, em recusar o peso da historicidade, mas em pensar essa historicidade sob um modo novo, que não é mais o da tradição imposta, mas o de uma razão que leva, por si mesma, a que se coloque o fato de haver, fora dela, necessariamente, o irracional. Fixemo-nos, por um instante, nesta constatação: o princípio de razão afirma, mais radicalmente que nunca, a dependência dos homens com relação ao que os precede, os envolve e os segue. "Nada é sem razão." A frase poderia ser entendida, mas erradamente: tudo é racional e, a partir disso, o sujeito que se entrega à atividade científica pode dominar o mundo,

Do sentido da vida: o recuo de uma questão

incorporá-lo, por assim dizer, em espírito, por um processo de dominação em que os tradicionalistas vêem, com certeza, a característica mais nefasta da modernidade. Mas esse mesmo princípio pode também ser lido, e mais justamente, de forma bem diversa: significa, então, que minha vida presente escapa para sempre de mim, que a cadeia das razões que me une ao passado é infinita, tanto na ordem coletiva (História e Sociologia) quanto na ordem individual (Psicanálise). Posso, é claro, me esforçar para superar, tanto quanto possível, essa dependência, mas devo aceitar sua característica infindável, a impossibilidade de levar a termo essa vontade de domínio. Daí a sensação de que a tarefa das ciências, ao contrário do que achavam os Antigos, jamais pode ser terminada. Como Kant já havia visto, o princípio de razão retorna como seu contrário: afirmando a característica indefinida da série dos efeitos e das causas, ele nos leva a aceitar a idéia de que o "final da cadeia" nos escapa para sempre e que é, por isso mesmo, racional supor o irracional.

Não sendo mais tradicional, vivida pelo modo da revelação, nossa relação com o passado não deixa de ser, então, sob certos aspectos, heterônima. O que o princípio de razão introduz não é a abolição da historicidade, a erradicação do passado, mas o fato de elas estarem ligadas a mim de uma maneira bem específica, construída por minha razão, mais do que dada de fora. Eu posso, assim, aceitar minha dependência, posso reconhecer essa transcendência *por minha própria conta*, dentro dessa imanência para si, na ausência da qual eu de novo cederia às facilidades do princípio de autoridade. Descoberta do inconsciente social e individual, então, mas que nada tem a ver com a reintrodução de um princípio tradicionalista[32] no

---

[32] A tese clássica, segundo a qual as Ciências Sociais derivam do romantismo, poderia ser revista dentro desse modo de ver.

seio da modernidade, apenas reformulado em termos que convêm à consciência moderna.

Não foi por uma misteriosa reviravolta[33] da transcendência do divino, no interior do Si, que apareceu a idéia de inconsciente, mas porque, a partir do princípio de razão, ela se tornou para o Eu, inclusive para aquele que mais se agarrava à ilusão de sua auto-suficiência, uma conclusão inevitável. A oposição escolar das figuras de Freud e de Descartes é simplista. Melhor seria distinguir dois pensamentos diferentes do inconsciente. Um, tradicional, o situa no passado imemorial de uma revelação que se supõe na origem de toda história. O outro, moderno, o induz com o princípio de razão. A teoria freudiana do lapso nos fornece o exemplo matricial: o ato falho é, primeiro e antes de tudo, o *efeito* de uma razão que me escapa. E o fato de que essa razão seja muito freqüentemente desarrazoada,

---

[33] Nada espantoso, então, o fato de ter sido um cartesiano, Leibniz, o primeiro a pensar o princípio de razão, sendo, ao mesmo tempo, o primeiro teorizador do inconsciente. Também não surpreende, nessas condições, o fato de Leibniz pensar, ao mesmo tempo e a partir do princípio de razão, o modelo do "inconsciente social" que dele vão tomar Mandeville e os pensadores liberais da "mão invisível", e o do inconsciente individual (das "pequenas diferenças"). Eu me incluo, como terão compreendido, entre os que pensam que o livro de Marcel Gauchet, *Le désenchantement du monde,* é um dos mais importantes já publicados na França no decorrer dos últimos 10 anos. Em razão dessa convicção, permito-me chamar a atenção do autor para uma dificuldade, a meu ver essencial, que não deixa de ter conseqüências em seus trabalhos dedicados à história do inconsciente e, mais além, da subjetividade moderna em geral. De fato, não acredito que se possa, como às vezes Gauchet sugere, opor três temporalidades políticas como se elas se sucedessem na história a ponto de definir grandes épocas: a do passado (tradição ou religião), a do presente (que caracterizaria as teorias do contrato social, ainda ligadas ao absolutismo) e a do futuro, inaugurada por Constant e pelos teóricos liberais da mão invisível ou da malícia da razão. Posso muito bem ver como essa tripartição permite fundar uma história da subjetividade e, em particular, das figuras sociais e individuais do inconsciente. Fica claro, com efeito, que, com as teorias liberais do mercado, um certo pensamento da tradição, e, assim, do inconsciente social ou mesmo individual, se opõe às ilusões do

Do sentido da vida: o recuo de uma questão

passional e pulsional ("dinâmica"), nada muda na racionalidade fundamental da iniciativa analítica. Paradoxo da razão, que Kant tão bem descreveu nas antinomias a que a loucura metafísica nos leva: ela é, ao mesmo tempo, projeto de controle de si e do mundo e, igualmente, afirmação da despossessão mais radical que haja, a do nosso insondável laço com o passado.

A essa primeira abertura intelectual, em que vêm se abismar as Ciências Humanas, responde uma outra, mais profunda ainda, no plano ético.

Descendo o rio: a transcendência nos limites do humanismo

Não só estou mergulhado, desde a origem de minha vida, em um mundo que eu não quis e nem criei, mas, além disso, escapa-me o

---

individualismo herdado da filosofia das Luzes. Mas essa periodização esbarra em um *fato*, simultaneamente histórico e filosófico: foi a partir do século XVII, com Leibniz, que apareceu a estrutura da "mão invisível", assim como a do inconsciente individual, que será retomada no início do século XVIII por Mandeville, ou seja, bem antes do choque da Revolução Francesa. E isso por uma razão básica: desde Leibniz, com efeito, as duas faces da subjetividade moderna se colocaram *em um só e mesmo movimento*. Aquele da razão e aquele da vontade. Era esse o objeto de meu livro dedicado ao *sistema das filosofias da história*. As teorias "voluntaristas", revolucionárias, da sociedade como do sujeito, são contemporâneas (e não anteriores) daquelas da "malícia da razão". Por esse motivo, aliás, o conflito entre o voluntarismo e o liberalismo político nunca cessou, inclusive na social democracia contemporânea (cf. o conflito entre "blanquismo" e "revisionismo"), de marcar nossa vida política. Por isso, também, a hipótese do inconsciente assombrou, desde o século XVII, toda a filosofia moderna (Kant, inclusive, marcando, no pensamento de um sujeito "clivado", uma etapa bastante importante, a ponto de ser notada por autores tão pouco suspeitos de simpatizarem com essa tradição quanto Lacan). No mais, a concepção leibniziana das "pequenas percepções inconscientes" está na origem de toda uma corrente da psicologia científica, e não somente "filosófica": aquela que vai se interessar, por exemplo, com Max Wundt, pela questão crucial dos "limiares da percepção".

sentido de meu nascimento e de minha morte. Sem dúvida, posso apreender as condições científicas, analisar o processo de reprodução ou de envelhecimento das células. Mas nada, na abordagem biológica, por mais pertinente e interessante que seja, vai me permitir controlar o milagre da vida e nem a significação de minha finitude. Há nisso, mais uma vez, uma parte de invisibilidade, de exterioridade ou, se quiserem, de transcendência que prolonga aquela que a razão me impunha descobrir na determinação do passado.

As ciências, mesmo as mais elaboradas, podem descrever, ou inclusive explicar parcialmente, o que *é*. Mas o fato de as coisas "serem" – a "questão do Ser" – não lhes pertence. Quanto a isso, elas nada podem nos dizer e, nos dias de hoje como nos de ontem, o mistério permanece inteiro. Quando a Astrofísica nos fala do Big-bang, sem dúvida atravessa o caminho da antiga questão teológica, pois metafísica, da origem do universo, aquela que Leibniz, no século XVII, colocava no centro de qualquer filosofia: "Por que há algo, e não nada?" E é nesse ponto que ela se aproxima, para além da inevitável tecnicidade dos argumentos, da curiosidade inclusive do grande público. No entanto, pressentimos, mesmo com a esperança de uma resposta enfim consistente, que ela não vai conseguir afastar os mistérios envolvendo a questão das origens. Um obstáculo essencial, estrutural, lhe barra o caminho: precisaria, para consegui-lo, sair de seu campo de competência, voltar a ser, de certa maneira, teologia ou metafísica, deixar de ser empírica... e daí seria a esperada consistência que desapareceria. Essa renúncia obrigatória dá à antiga finitude dos mortais uma significação inédita.

Na filosofia do século XVII, ainda, o homem era pensado a partir de Deus e, se podemos assim dizer, *depois* dele. Havia, de início, o criador, o ser absoluto e infinito e, em relação a ele, o ser humano se definia como falta, finitude. Daí suas fraquezas notórias, sua igno-

Do sentido da vida: o recuo de uma questão

rância congênita, é claro, mas igualmente sua irrefreável propensão para o pecado. Essa perspectiva, dentro da qual Deus vinha lógica, moral e metafisicamente *antes* do homem, concordava ainda com o teológico-ético, com a fundação religiosa da moral.

E foi essa hierarquia que o aparecimento das ciências modernas, ao mesmo tempo que o de um espaço leigo, aboliu. Como havia sugerido Ernst Cassirer, o Século das Luzes foi aquele, no decorrer do qual a primazia do ser humano se viu, em todos os campos da cultura, confirmada. A ponto de Deus ter começado a parecer uma "idéia" daquele homem que ele era suposto ter criado e que, segundo a frase de Voltaire, "lhe tinha muito bem retribuído isso". De Kant a Feuerbach, Marx ou Freud, a tirada espirituosa não cessou de ser levada a sério.

No plano moral, essa reviravolta anunciou o fim do teológico-ético. Era no homem – em sua razão e liberdade, que constituem sua dignidade – que se deviam fundar os princípios do respeito com relação ao outro, e não em uma divindade. E o próprio Cristo, o Deus-homem por excelência, passou a ser visto apenas como um santo homem pelos filósofos, um indivíduo realizando em si, e os aplicando em seu redor, os princípios universalistas, cuja expressão mais adequada logo figuraria na Declaração de 1789. Ele é, diriam Kant e seus discípulos, "o ideal moral da humanidade" – o que lhes valeu infamantes acusações de ateísmo: se a ética se aproxima por si própria do ensinamento cristão, não se precisa mais de Deus nem mesmo de Cristo para se fundá-la.

Esse movimento é bem conhecido. Mas a descrição que comumente se faz dele a questão crucial: a do papel que cabe, a partir daí, à religião. Questão ainda mais difícil de afastar, entretanto, já que os filósofos das Luzes se pretendiam, o mais freqüentemente, cristãos e achavam, com sinceridade, que elevavam a compreensão da mensagem dos Evangelhos ao seu nível mais autêntico. E, de fato, em vez de desaparecer, essa mensagem continuou a formar a linha final, o horizonte das morais leigas.

Creio ser esta a significação decisiva daquela "revolução religiosa": *sem nem por isso desaparecer, o conteúdo da teologia cristã passou a não vir mais antes da ética, para fundá-la como verdade, mas depois, para lhe dar um sentido.* O homem, então, não tinha mais o recurso a Deus, para compreender que devia respeitar o outro, tratá-lo como fim e não apenas como meio. O ateísmo e a moral puderam, assim, se reconciliar. Mas a referência ao divino, à idéia de um Deus do qual Levinas – fiel, aqui, àquela tradição das Luzes – diria "nos vir ao espírito", nem por isso desaparece. Pelo contrário, subsiste nas razões básicas. Ela vem, por assim dizer, conferir um sentido ao fato de se respeitar a lei, acrescentar esperança ao dever, amor ao respeito, o elemento cristão ao elemento judeu.

As hipóteses deste livro

A primeira hipótese deste livro é a de que a questão do sentido e a do sagrado – de por que não seria insensato se pensar em um *sacrifício* – são inseparáveis. A segunda é a de que elas se ligam, hoje em dia, baseadas em um duplo processo. De um lado, o "desencantamento com o mundo" ou, melhor dizendo, o vasto movimento de *humanização do divino* que caracteriza, desde o século XVIII, o crescimento da laicidade na Europa. Em nome da recusa dos argumentos de autoridade e da liberdade de consciência, o conteúdo da Revelação não cessou de ser "humanizado" no decorrer dos dois últimos séculos. Foi contra tal tendência que o Papa multiplicou suas Encíclicas. É nesse contexto que devem ser interpretados seus com-

Do sentido da vida: o recuo de uma questão

bates, pense-se deles o que for. Paralelamente, porém, é também a uma lenta e inexorável *divinização do humano* que assistimos, ligada àquele nascimento do amor moderno, cujas especificidades os historiadores das mentalidades recentemente nos ensinaram a decifrar. As problemáticas éticas mais contemporâneas testemunham isso: da bioética ao humanitário, é o homem como tal que aparece, nos dias de hoje, como sagrado. Como se recoloca a questão do sentido da vida, na era do homem-Deus?

Tentando esboçar as linhas gerais dessa questão, examinarei primeiramente os últimos abalos do lento processo de *humanização do divino*. Desde o século XVIII, o "teísmo", a idéia de uma "fé prática" que não fosse o efeito de uma demonstração filosófica, não cessou de mais claramente se afirmar dentro do universo da própria cristandade. E isso a partir de uma problemática humanista. "A partir de" quer dizer, também, *após e segundo ela*, mas não, absolutamente, antes dela. O movimento passou a se fazer do homem para Deus, e não mais no sentido contrário. A autonomia devia levar à heteronomia, e não esta última que, se impondo ao indivíduo, viria contradizer a primeira. Os cristãos tradicionalistas viram nisso o sinal supremo do orgulho humano. Os cristãos leigos, pelo contrário, puderam pressentir aí o advento de uma fé, enfim autêntica e tendo como fundo o eclipse do teológico-ético.[34] É o que está em jogo no debate, reaberto pela encíclica de João Paulo II, *Esplendor da verdade*. Ele opõe os simpatizantes do retorno à teologia moral e aqueles que, pelo contrário, assumem o "elogio da consciência"[35] a ponto de fazer apelo, até no âmbito da Igreja, a uma "ética da discus-

---

[34] Cf. sobre esse tema Jacques Rollet, *Penser la foi*, in *Mélanges offerts à Joseph Moingt*, Cerf, 1992.
[35] Retomando o título de uma obra do padre Valadier.

são". A transcendência, com efeito, não é negada por essa reviravolta da perspectiva. Ela, inclusive, está inscrita, a título de idéia, na razão humana. Mas é no seio da imanência para si, como pede a rejeição do argumento de autoridade, que ela agora se manifesta para um sujeito que reivindica, pelo menos no plano moral, um ideal de autonomia.

CAPÍTULO I

A humanização do divino: de João Paulo II a Drewermann

A Igreja se pôs na defensiva e, aliás, não sem motivo: havendo uma tendência à humanização das fontes do Direito, da Moral e da Cultura, e essa humanização implicando um requestionamento das transcendências verticais de antigamente,[36] como manter ainda a credibilidade de uma teologia moral? Como conciliar Revelação e Consciência ou, para retomar os termos de João Paulo II, "esplendor da verdade" e "liberdade individual"? Não está, o cristianismo, destinado a se tornar uma simples fé, um sentimento de piedade erguendo-se no pedestal de morais leigas que viriam agora a lhe emprestar o essencial de seu conteúdo concreto? O desencantamento com o mundo não cessa com a simples separação entre a religião e a política.

---

[36] Como sugeriu, no decorrer de uma análise cuidadosa, o cardeal Lustiger. Cf., sobretudo, *Devenez dignes de la condition humaine*, Flammarion, 1995, p. 20: "Nos debates éticos solicitados pela opinião pública, a consciência, de certa forma, é posta sob a tutela dos comitês de ética ou de tribunais arbitrais profissionais. Como disposições legislativas ou reguladoras, essas decisões se colocam como norma moral. Mas a lei só obriga e autoriza, em matéria de consciência, quando em conformidade com a razão moral."

LUC FERRY ⊖ O HOMEM-DEUS

Não se limita ao fim do teológico-ético, indispensável à abertura de um espaço público leigo, mas produz, em profundidade, efeitos sobre as crenças individuais e as opiniões privadas. Várias pesquisas o confirmam: os católicos, em sua maioria, se tornaram, no sentido voltairiano do termo, "deístas".[37] Conservam, é certo, o sentimento de uma transcendência, mas cada vez mais abandonam os dogmas tradicionais em proveito de uma conversão à ideologia dos direitos do homem. As pessoas se dizem ainda católicas, mas submetem os mandamentos do Papa ao crivo humanista do exame crítico e não mais acreditam tanto na imortalidade da alma, na virgindade factual de Maria nem sequer na existência do Diabo...

A humanização ou a laicização da própria religião

Duas árvores, dessa forma, escondem a floresta, dois discursos, mais ou menos convencionais, dissimulam a base dos debates que cruzam atualmente o universo da religião.

O primeiro, o da "revanche de Deus", visa aos fundamentalistas de todo tipo. Ele afirma, às vezes apoiado em bons argumentos, que estamos vivendo uma "volta do religioso": o mundo ocidental moderno, bem imbuído de sua superioridade histórica, estaria secretando seus próprios antídotos – a menos que a reação, outra variante desse discurso, se enraíze do lado de fora, nos últimos estertores da descolonização. O islã de Khomeini, o cristianismo do reverendíssimo

---

[37] Cf., sobretudo, Jacques Rollet, "Les croyances des Français", in *Etudes*, outubro 1995, que comenta uma interessante pesquisa realizada em 1994 pelo instituto CSA. À pergunta: "Nas grandes decisões da sua vida, você considera, primeiramente, a sua consciência ou as posições da Igreja?", 83% dos franceses responderam "a minha consciência", e 1%, somente, "as posições da Igreja" (9% responderam "as duas coisas").

A humanização do divino: de João Paulo II a Drewermann

Lefebvre, ou o judaísmo da extrema direita israelense podem ser entendidos como facetas diversas de um fenômeno único e inquietante: o integrismo.

Por outro lado, porém, todas as pesquisas sociológicas sérias revelam a dimensão do movimento de secularização que ganha o mundo democrático europeu. A ponto de se dever falar, sobretudo no que se refere aos jovens, de uma verdadeira "descristianização".[38]

Tais análises têm sua parte de verdade. Mas também têm o inconveniente de ocultar a maneira como as religiões instituídas reagem, *elas próprias*, por assim dizer, *do interior*, aos problemas colocados pela laicização do mundo. Ora, desse ponto de vista, os conceitos de integrismo ou de descristianização são totalmente insuficientes. Em nada permitem que se dê conta da maneira como a imensa maioria dos que acreditam, vivem e concebem sua relação com o mundo moderno. Eles contribuem, pelo contrário, a tornar invisíveis, e desse modo indiscutíveis no espaço público, as duas interrogações cruciais que, hoje em dia, dividem a Igreja. Todavia, como vamos ver, elas são reveladoras dos efeitos produzidos pela emancipação daqueles que têm fé religiosa, com relação às figuras tradicionais do teológico-político. E testemunham, mesmo para os que não crêem, uma tendência à humanização da religião que merece, em seu mais alto grau, uma reflexão.

O primeiro debate, aquele a que a encíclica *Esplendor da verdade* procura dar ponto final, versa sobre a compatibilidade dos progressos do humanismo com a idéia de uma verdadeira moral revelada.

---

[38] Cf., quanto a esse ponto, os artigos reunidos no n.º 75 da revista *Le Débat*, Gallimard, maio-agosto 1993. Cf. também, sobre esse mesmo tema, Jean Stoezel, *Les valeurs du temps présent: une enquête européenne*, PUF, 1983; Hélène Riffault, *Les valeurs des Français*, PUF, 1994; ou ainda o dossiê dedicado pela publicação mensal *Panorama*, em novembro de 1993, ao tema "os franceses, a morte e o além".

Questão clássica desde o século XVIII, pelo menos, mas singularmente reativada pelas evoluções que despontam no seio mesmo da Igreja. A segunda discussão, também antiga, é simbolizada pelo nome do teólogo alemão Eugen Drewermann. Ela aborda o estatuto da interpretação dos Evangelhos: a mensagem de Cristo deve ser lida de maneira tradicional, como revelando verdades históricas incontestáveis, trazendo, *do exterior*, luz aos homens, ou, pelo contrário, como um discurso portador de sentido simbólico, a exemplo dos mitos ou das grandes narrativas poéticas? Sua decriptação psicanalítica mostraria, então, que ela se dirige aos indivíduos *de dentro deles mesmos*.

Essas duas questões, eu dizia, merecem reflexão, inclusive para quem não crê. Pode ocorrer, com efeito, que elas sejam a contrapartida, no seio das religiões instituídas, do processo pelo qual as morais leigas nos trazem de volta, por si mesmas, à idéia de uma espiritualidade que falta, de um "Deus que venha à idéia". À divinização do humano, a essa nova religião do Outro à qual tão freqüentemente a filosofia contemporânea nos convida, responderia a vontade não apenas de humanizar o divino, de torná-lo mais falante para os homens, mais próximo deles, mas, ainda, de reformular nossa relação com ele, em termos que não sejam mais os dos argumentos de autoridade. Como se a interiorização da espiritualidade se tornasse, para a própria religião, uma exigência indispensável.

Liberdade de consciência ou verdade revelada?

É claro, é contra essa tendência que reagem os que são pela tradição. Reação bem compreensível, se admitirmos que a essência da religião é, justamente, de ordem *tradicional*. Toda concessão a uma

A humanização do divino: de João Paulo II a Drewermann

liberdade de consciência, por natureza ilimitada, representa uma ameaça para a própria idéia de revelação: não posso, com toda boa-fé, decretar que vou aplicar o princípio de rejeição dos argumentos de autoridade em tal domínio e não em tal outro, até determinado ponto e não mais além. A liberdade de pensamento é absoluta ou não existe. Foi esse o perigo que João Paulo II, em sua época ainda e mais do que nunca, se viu obrigado a enfrentar. Daí aquele "esplendor da verdade" revelado e intangível que ele precisou reabilitar contra os "desvios" de católicos modernistas. Eis os termos que, segundo o Papa, definem o erro ao qual sua encíclica se propõe trazer o remédio:

"Em certas correntes do pensamento moderno, chegou-se a exaltar a liberdade a ponto de torná-la um absoluto, que seria a fonte dos valores. (...) Atribuiu-se à consciência individual prerrogativas de instância suprema do julgamento moral, que determina, de maneira categórica e infalível, o bem e o mal. À afirmação do dever de seguir sua consciência, erradamente acrescentou-se que o julgamento moral é verdadeiro pelo fato mesmo de vir da consciência. Mas, dessa maneira, a necessária exigência da verdade desapareceu em proveito de um critério de sinceridade, de autenticidade, de concordância consigo mesmo, a ponto de se ter chegado a uma concepção radicalmente subjetivista do julgamento moral. (...) Essas diferentes concepções estão na origem dos movimentos de pensamento que sustentam o antagonismo entre lei moral e consciência, entre natureza e liberdade (...) Apesar de sua variedade, essas tendências se juntam no fato de enfraquecerem ou até mesmo negarem a dependência da liberdade diante da verdade."[39]

---

[39] *La splendeur de la vérité*, Mame/Plon, 1993, p. 54-57 (§32-34).

LUC FERRY ⊖ O HOMEM-DEUS

Compreende-se o que atormentava o Papa naquele momento – e às vezes, confesso, tenho alguma dificuldade para compreender por que tantos cristãos se mostraram tão decididos, criticando seu "autoritarismo". A Igreja não é um partido político, nem uma empresa em autogestão e, do ponto de vista *tradicional*, o debate levantado por João Paulo II parece tão legítimo quanto bem enfocado. Ele colocou duas questões que não vejo bem como um cristão as poderia eludir: a consciência do ser humano pode, por si só, fornecer ou até mesmo apenas descobrir a fonte do bem e do mal, como parece implicar, de fato, o fim do teológico-ético? E se respondemos afirmativamente, coisa que a Igreja não pode fazer sem danos próprios, como evitar cair em uma ética da autenticidade em que a sinceridade estaria acima da verdade? A objeção é evidente e João Paulo II não podia senão relembrar: não basta ser sincero, estar de acordo consigo mesmo, para estar dentro daquela Verdade que requer, primeiramente e antes de tudo, uma concordância com os mandamentos divinos. Uma vez mais, não vejo o que os cristãos poderiam, nesse ponto pelo menos, esperar do Papa senão isso mesmo. Da mesma forma, tenho dificuldade para ver como o chefe da igreja católica poderia, em matéria de amor, defender outras virtudes que não as da fidelidade.[40] Se também o Papa viesse a fazer da livre consciência o único critério da verdade, se o grau de convicção fosse o viático de uma nova teologia moral, não viria isso, com efeito, "a negar a existência, na Revelação divina, de um conteúdo moral específico e determinado, de validade universal e permanente"?[41]

---

[40] Apesar do que um bispo ou outro às vezes sugere, para os que não conseguem se manter dentro dessa regra, alegando que certos comportamentos ocasionam menores inconvenientes do que outros...

[41] *Ibid*, p. 61. (§36.) Cf. também, sobre a questão clássica da prudência, o §56.

A humanização do divino: de João Paulo II a Drewermann

Diante das reivindicações de um humanismo que, segundo ele, leva a repor em questão até a idéia de uma moral cristã específica, não redutível à ideologia dos direitos do homem, o Papa operou, então, um quádruplo chamado à ordem:

– Foi preciso, de início, reafirmar os princípios do teológico-ético, quer dizer, a impossibilidade de se "repor em questão a existência do fundamento religioso último das normas morais" (§36). A consciência não é uma "fonte autônoma e exclusiva para decidir o que é bom e o que é mau", pois a verdade não é criada pelo ser humano: ela se mantém, hoje como sempre, "estabelecida pela lei divina, norma universal e objetiva da moralidade" (§60).

– Essa verdade moral é absoluta, não depende das circunstâncias nem mesmo da consideração das conseqüências das nossas ações: "Se os atos são intrinsecamente maus, uma intenção boa ou circunstâncias particulares podem atenuar sua malignidade, mas não podem suprimi-la... Desse fato, as circunstâncias ou as intenções não podem nunca transformar um ato intrinsecamente desonesto, dado seu objeto, em um ato subjetivamente honesto ou aceitável como escolha" (§81). Em termos filosóficos, o Papa denunciava ali, ao mesmo tempo, a ética da autenticidade (que confunde a sinceridade com a verdade) e o utilitarismo (que relativiza o sentido de um ato isolado, remetendo-o às suas conseqüências).[42] O que está em jogo nessa chamada é claro: trata-se de evitar que os cristãos se dêem "boa consciência" desculpando, em nome das intenções ou de circunstâncias excepcionais, atos "contrários à verdade".

---

[42] Cf. também o §90. Em mais de um ponto, a crítica do utilitarismo efetuada por João Paulo II se aproxima da de Rawls: é ilícito, em nome da felicidade geral, sacrificar a menor parcela de dignidade humana.

– Convém, então, dentro dessa mesma lógica, não se "modelar pelo mundo presente": não é porque a época tende à sacralização da liberdade pessoal que se deve querer transformar o conteúdo da ética cristã para adaptá-lo ao gosto corrente. Bem pelo contrário, o cristão autêntico, ao mesmo tempo, é um "resistente" e – por que não? – um "revolucionário". Ele deve transformar o mundo, mais do que se adaptar a ele.

Enfim, e vem a ser o ponto maior da encíclica, a consciência e a verdade não se opõem senão em aparência. Segundo os termos de Vaticano II, "Deus quis deixar o homem a seu conselho". Ele não lhe tirou a liberdade, muito pelo contrário. Simplesmente, como Ele também criou o homem à sua imagem, é seguindo em suas ações os princípios da verdade divina que o ser humano há de ter pleno acesso a si mesmo. Na linguagem da teologia, fala-se em "teonomia participada" (§41). Claramente: a lei moral, é verdade, vem de Deus e não dos homens (teonomia), mas isso não exclui a sua autonomia, pois o ser humano, participando de alguma maneira do divino, só tem acesso à plena liberdade pela obediência à lei que lhe foi prescrita: "A autonomia moral autêntica do homem não significa absolutamente que ele recusa, mas que ele acolhe a lei moral, o mandamento de Deus (...). Na realidade, se a heteronomia da moral significasse a negação da autodeterminação do homem ou a imposição de normas exteriores a seu bem, ela estaria em contradição com a revelação da Aliança e da Encarnação redentora."

Essas respostas formam um todo coerente. Salvo algumas reservas (voltarei a isso), a elas não faltam elegância, nem rigor e, de um ponto de vista tradicional, parecem bastante justificadas. No entanto, não se pode subestimar, inclusive dentro de uma perspectiva cristã, a dimensão e a legitimidade do movimento de secularização que

A humanização do divino: de João Paulo II a Drewermann

elas pretendem, justamente, remediar. Uma vez admitida essa dimensão, a ponto de se sentir a necessidade de redigir uma tal encíclica, relembrar as verdades da tradição bastaria? Que eu me faça compreender: a questão não é a de saber se esse tipo de resposta é ou não "adaptado", estrategicamente hábil ou eficaz, mas se está no mesmo nível, em termos de verdade e não de tática, que o desafio lançado pelo humanismo moderno.

Quanto a isso, a posição defendida por João Paulo II apresentava alguns pontos fracos. Pressente-se que ela não seria suficiente para represar o rio, tomado no sentido contrário da correnteza. Quando o cristão de hoje, mesmo que de muito boa vontade, procura dar um conteúdo concreto àquela verdade moral revelada que deve limitar sua liberdade (mesmo que para melhor exprimi-la), enviam-no de volta ao *Catecismo da Igreja Católica*. Bem, esse livro é às vezes tão contrário aos princípios do humanismo leigo, contrário talvez até aos ensinamentos dos próprios Evangelhos, que se podem ter dúvidas quanto a "a teonomia participada" ceder lugar à liberdade de consciência. Podia-se esperar, lendo *Splendor veritatis*, que a revelação viesse, de forma alguma reprimir a consciência, mas esclarecê-la e, por esse caminho mesmo, libertá-la. Como, todavia, alcançar esse louvável objetivo se a concepção da verdade, uma vez precisada *in concreto*, se mostra hostil à idéia mesma de consciência?

Um só exemplo, mas de peso, basta para mostrar essa dificuldade: o da pena de morte. Deixo de lado o fato de, em nome de uma idéia tradicional da natureza, a homossexualidade ter sido condenada como um pecado mortal, da mesma forma que a união livre, o onanismo ou a fecundação artificial. Estamos longe do Evangelho, mas, afinal, o Catecismo faz parte de um gênero que nem sempre é dos mais sutis, o que é compreensível. Então, deixemos de lado. Mas, e a pena de morte? Como legitimar o fato de o chefe dos católicos dar tal conteúdo à verdade que ele próprio pretendia "esplêndida"? Como pode declarar que reconhece "o bom fundamento do direito e do dever da autoridade pública legítima de punir, com penas proporcionais à gravidade do delito, sem exclusão da pena de morte em casos de extrema gravidade"?[43] O princípio de castigo assim não só é contrário ao "espírito da época", mas contradiz diametralmente a idéia, no entanto tão apreciada e defendida por João Paulo II, de que *as intenções e as circunstâncias não poderiam tornar bom um ato intrinsecamente mau*. O fato de se dar voluntariamente a morte a um outro homem pertence àquela teonomia suposta esclarecer a liberdade de consciência? E se, com toda consciência, o cristão se opõe nesse ponto à Igreja instituída, por que não o faria em outros aspectos que possam lhe parecer não claramente fazer parte do ensinamento de Cristo?

Essas observações, de modo talvez contrário às aparências, não têm como finalidade acrescentar uma voz a mais àquelas que denunciam o magistério da Igreja. Pretendem ressaltar toda a dificuldade embutida na noção de "teonomia participada", a partir do momento em que se queira precisar sua significação concreta. Pois a livre consciência, mesmo a de um cristão, mais facilmente concorda com os princípios generosos do que com proibições particulares. A marca do humanismo, desse modo, se impôs até no centro da Igreja: uma primeira vez pelo fato mesmo de ela se sentir obrigada a restabelecer o primado da verdade sobre a liberdade; e uma segunda porque, ao fazê-lo, ela se expôs à crítica dos fiéis, inclusive daqueles que poderiam concordar com o princípio geral de uma "teonomia participada".

Impossível, a partir daí, eludir a questão referente à existência ainda de uma especificidade da ética cristã, se esta não tende a se reduzir a um simples acúmulo de fé acrescentado ao que, no fundo e

---

[43] *Catéchisme de l'Eglise catholique*, Mame/Plon, 1992, §2266.

A humanização do divino: de João Paulo II a Drewermann

no espírito da maioria dos cristãos, nada mais é senão a ideologia dos direitos do homem. A mensagem é excelente e, sem dúvida alguma, historicamente herdada do cristianismo, pelo menos em parte. Mas é preciso ser crente para compartilhá-la? O respeito pela pessoa humana, a preocupação com o outro, com sua dignidade ou com o seu sofrimento não são mais princípios monopolizados pelo cristianismo. Para muitos, inclusive e sob vários aspectos, parecem contrários, de tal forma a Igreja católica demorou a se livrar das tradições contra-revolucionárias. Donde a questão, sem dúvida decisiva para um cristão, de saber o que sua fé ainda acrescenta à moral leiga comum. Distantes de um retorno ao teológico-ético, os que crêem parecem se apropriar cada vez mais do fundo leigo constituído pela grande Declaração, vindo sua fé se inserir nessa base comum. Como um acréscimo de sentido, então, ao modo ético-religioso, mais do que ao modo teológico-ético. Nessa inversão de palavras, nessa reviravolta de prioridades das relações da ética e da religião, é claro que foram os efeitos do humanismo que se manifestaram abertamente. Como também são eles que, uma vez mais, trazem a interrogação quanto ao *status* da verdade revelada. Da mesma forma, não é por acaso que nos vemos de novo diante de um problema de *interpretação*, ou seja, diante da parte de subjetividade que entra na compreensão da verdade.

Símbolo atemporal ou verdade histórica: deve-se "humanizar" a mensagem de Cristo?

Os diferentes episódios da vida de Cristo, narrados pelos Evangelhos, são fatos históricos ou símbolos vindos das profundezas da alma humana e dotados de uma significação atemporal? No primeiro caso, pertenceriam à ordem de uma verdade ao mesmo tempo revelada e positiva, impondo-se de maneira incontestável aos que acreditam; no segundo, remeter-se-iam à esfera do sentido, mitológico ou psicológico, requerendo uma interpretação.

O que está em jogo nesse debate é tão claro quanto decisivo: trata-se ainda de decidir se os fatos da religião devem conservar ou não sua condição de *exterioridade radical* com relação aos seres humanos ou, pelo contrário, devem se livrar de seus falsos brilhos externos, visando a uma interiorização de sua significação autêntica. E, se admitirmos que o religioso está ligado à idéia de uma exterioridade radical do divino com relação aos homens, sua interiorização não seria sinônimo de negação? Daí a reticência ancestral, quase visceral da Igreja, com relação às abordagens históricas do fenômeno religioso.[44]

Fazendo apelo às Ciências Humanas, à Psicanálise, assim como à História Comparada das culturas, Eugen Drewermann abriu a discussão com livros cujo sucesso foi tal, que rapidamente se tornou impossível às autoridades clericais não verem nisso um novo sinal dos "progressos" da ideologia humanista.[45] Ainda mais porque Drewermann era – e continua sendo, mesmo caído em desgraça – um padre católico.[46] Todo o seu trabalho pode ser lido como uma tentativa de se reduzir ao máximo a parte de *exterioridade* embutida na mensagem cristã. Tratava-se de "desalienar" a religião em todos os planos, não somente o institucional, mas também o hermenêutico, mostrando que seu conteúdo não vinha de outro lugar que não o fundo do coração humano.

---

[44] Testemunha disso, ainda recentemente, a polêmica suscitada por *Jésus* de Jacques Duquesne, publicado pela editora Flammarion em 1994.

[45] Como talvez se veja melhor no que vem a seguir, o fato de Drewermann não ter deixado de acusar a herança da filosofia das Luzes nada muda o fato de sua teologia se inscrever no quadro geral do humanismo.

[46] Drewermann afinal desligou-se da Igreja católica no final de 2005. (N.T.)

A *humanização do divino: de João Paulo II a Drewermann*

O debate sobre a questão de se saber se a verdade dos Evangelhos é histórica ou simbólica se inscreve, assim, na mesma perspectiva que aquele abordado por *Veritatis splendor*: trata-se ainda da liberdade interior da consciência humana em sua relação com a revelação, do processo de interiorização do religioso, ligado ao recuo das figuras clássicas do teológico-ético. Percebe-se por que a polêmica foi de extrema violência: caso a religião se definisse por sua exterioridade com relação aos homens, pelo fato de seu conteúdo revelado por essência vir de fora, como a aplicação de uma hermenêutica humanista, reduzindo-a a suas significações simbólicas, não a poria em risco de destruição? Não é a distinção entre mito e religião que tal leitura pretendia abolir, colocando o cristianismo no mesmo plano que o budismo, a teogonia egípcia ou a mitologia grega?

A questão central, então, era mesmo a da interpretação e, nesse ponto, a posição de Drewermann era clara. No ensaio intitulado *De la naissance des dieux à la naissance du Christ*[47] (1986), ele procurou realçar a significação verdadeira, a seu ver, ou seja, não factual, do "mito" da natividade: "O nascimento do filho de Deus não se situa no plano da história, se situa no plano de uma realidade que apenas as imagens do mito são capazes de descrever. É conveniente, então, que se leia *simbolicamente* a história do nascimento de Jesus em Belém."[48] E Drewermann insistiu nisso ao longo do livro inteiro: devem-se ligar esses símbolos a "experiências vitais", a vivências humanas, para deixá-los agir em nós, da mesma maneira que os contos e lendas, essa "poesia do povo" onde o Romantismo[49] já encontrava seus arquétipos, antes que a Psicanálise viesse desvendar seu poder terapêutico. A teologia católica oficial se limita a consagrar

---

[47] Tradução da editora Seuil, Paris, 1992.
[48] *Ibid.*, p. 144.
[49] *Ibid.*, p. 24.

LUC FERRY ⊖ O HOMEM-DEUS

fatos a que os cristãos são levados a crer de maneira autoritária e privada de qualquer significação autêntica para eles, uma vez que vêm do exterior.

Isso levou Drewermann a considerar a virgindade de Maria um mito simbólico, e não um fato histórico milagroso. Maria sem dúvida "conheceu o esperma do homem", o que não a impediu, em outro sentido, de ser virgem. A asserção, vinda de um padre católico, foi julgada inaceitável pelas autoridades eclesiásticas, encarnadas na pessoa do reverendíssimo Degenhardt. Os autos do debate que opôs o padre a seu bispo foram publicados e traduzidos quase imediatamente (1993) em francês.[50] Pouco importa, aqui, o detalhe daquela discussão teológica erudita e rigorosa. Drewermann não teve muita dificuldade para mostrar que, segundo até mesmo os exegetas mais tradicionalistas, a factualidade do caso era duvidosa e, com isso, a fé cristã nada tinha a ganhar (e sim tudo a perder), unindo seu destino a acontecimentos sobrenaturais, cuja credibilidade era cada vez mais frágil. O essencial, quanto ao fundo, estava mais além: na distinção operada por Drewermann entre a história, no sentido factual do termo (o alemão diz *Historie*), e a história entendida como um relato, como um discurso narrativo (*Geschichte*), verdadeiro ou não pela primeira acepção. Quanto a isso, a virgindade de Maria, assim como, por exemplo, a multiplicação dos pães e outros milagres, faz parte da *Geschichte*, e certamente não da *Historie*. São relatos simbólicos, e não fatos positivos e empíricos. É preciso, aqui, lembrar os termos com que Drewermann respondeu ao bispo:

"A fé não define fatos históricos (*historisch*). Não se pode tirar da fé efetiva nenhuma hipótese sobre o que se passou historicamen-

---

[50] Pela editora Cerf, com o título: *Le cas Drewermann. Les documents.*

A humanização do divino: de João Paulo II a Drewermann

te (*historisch*). Se a pesquisa histórica (*historisch*) esbarra em certas passagens, é preciso se contentar em dizer, a seu respeito, que não sabemos, ou explicar o que podemos saber, no âmbito dos nossos métodos atuais... Linguisticamente, há uma grande diferença entre fato histórico (*historisch*) e história (*Geschichte*)... Não deixo de afirmar que a multiplicação dos pães faz parte da história (*Geschichte*)! Com certeza!"[51]

Irritação suprema do bispo, que pouco ligava para o fato de a multiplicação dos pães ser uma "bela história", se o que queria ouvir era ser ela um fato histórico! Ainda mais porque Drewermann, algumas linhas adiante, foi mais longe, usando as possibilidades da língua alemã: "...Entende-se por história (*Geschichte*) o que remete a uma experiência e a um vivenciado, e é o que certos textos exprimem de maneira adequada em formulações que não são da ordem histórica (*historisch*). Quando se diz história (*Historie*) no segundo sentido, isso quer significar que se deve compreender o que se diz como uma informação sobre certos fatos. Essa diferença vem de (...) as experiências de fé serem essencialmente de ordem interior. Nisso devemos crer, mas não podemos dizer, quanto a tudo, se isso se passou de tal maneira ou de outra, na realidade observável."[52]

Para tornar o debate menos simples, ou pelo menos mais completo, deve-se acrescentar que Drewermann, consciente do perigo que correria, opondo o imaginário ao real de maneira plana e binária, tentou introduzir a existência de um terceiro tipo de realidade. Vamos ainda ouvi-lo, quanto a isso:

---

[51] *Le cas Drewermann, op. cit.*, p. 83.
[52] *Ibid.*, p. 83.

"Para muito dos ouvintes, o problema vem de que, quando dizemos 'não histórico' ou, pelo menos, 'não constatável como fato', eles compreendem: 'perfeitamente imaginário', 'totalmente inventado'... O que precisamos... é de uma outra visão do real, além daquela dominante em nosso mundo moderno... A verdade é que existem realidades que ainda são inclassificáveis, e são desse tipo, precisamente, as realidades religiosas."[53]

Entre o imaginário puro e os fatos apreendidos pela observação ou pela razão científica, haveria, então, a realidade do "simbólico" pela forma como a Psicanálise nos convida a compreendê-la. Não creio que tal declaração pudesse tranqüilizar os bispos. Para se apreender seu alcance, deve-se, no entanto, remetê-la ao projeto global que se exprimia nas primeiras obras de Drewermann:[54] reconciliar, enfim, essas duas irmãs inimigas que são a Psicanálise e a Religião. Como se deve compreender e apreciar uma tentativa desse tipo?

À primeira vista, diga-se francamente, o objetivo parece pouco razoável. O próprio Freud se expressou quanto a isso e seus argumentos são sem ambigüidade. Em O *futuro de uma ilusão*, os grandes monoteísmos foram assimilados a uma gigantesca neurose obsessiva que teria ganho as dimensões da humanidade inteira. Para além da letra dos textos do Pai fundador, as duas visões parecem irreconciliáveis, e isso por uma razão básica: toda religião supõe um momento de transcendência radical. O sagrado, em qualquer sentido que seja, remete a uma entidade exterior aos homens e, por isso, justamente, requer deles um ato de fé. Ora, a Psicanálise não admite qualquer outra exterioridade que não seja o inconsciente. Se, então,

---

[53] *La parole qui guérit*, p. 60.
[54] Ver, sobretudo, *La peur et la faute*.

A humanização do divino: de João Paulo II a Drewermann

se puder ainda falar em transcendência (desse inconsciente com relação ao consciente), só poderá ser uma transcendência, se for possível assim se exprimir, interna à nossa subjetividade. Nessa perspectiva, o Diabo e Deus não poderiam deixar de ser apenas fantasmas, projeções de conflitos inconscientes. Drewermann, aliás, o confirmou com toda ingenuidade, ao declarar: "O diabo é o composto de tudo que nos pertence e que não ousamos viver: a soma de nossos desejos recalcados e da vida mais profunda que recalcamos." Resumindo, ele não está em lugar algum senão em nós mesmos. O discurso do padre cedia lugar ao de um psicanalista que poderia muito bem ser ateu. Não se vê muito bem por que o que vale para o Diabo – isto é, que ele não passa de uma projeção de *nosso* inconsciente – não valeria também para Deus... Difícil, nessas condições, perceber como Religião e Psicanálise poderiam manter relações que não fossem as da água com o fogo.

Drewermann, é claro, não ignorava nada disso. Como tentou derrubar a dificuldade? Notemos, primeiramente, que ele mais à vontade se referia a Jung do que a Freud. Nenhum acaso nisso: o primeiro, ao contrário do segundo, postulou uma transcendência de certos "arquétipos" com relação aos sujeitos individuais (por exemplo, aqueles associados à imagem dos pais e que viriam do fundo das eras). Ou seja, ele não reduzia tudo à história pessoal. Drewermann estava convencido de que essa versão da Psicanálise podia trazer muito à Teologia: somente ela, em sua opinião, poderia enfim nos permitir interpretar a significação autêntica da mensagem bíblica.

Se tomarmos, por exemplo, a narrativa do Gênese (do pecado original) ao pé da letra, entramos em uma série de dificuldades insuperáveis. De um ponto de vista histórico e científico, ela se tornou para nós, hoje em dia, pouco verossímil. Lembremos a ridícula censura que pesava, até pouco tempo ainda, nos Estados Unidos, sobre o ensino de Darwin nas escolas! Em contrapartida, aquela narrativa concorda, de um ponto de vista simbólico, com o que sabemos das origens da angústia: cortada da segurança trazida pela fé no amor de Deus, a existência humana, despida de sentido, só podia se perder nos meandros das diversas patologias neuróticas. Como o esquizo-frênico com o sentimento de absoluta estranheza do mundo, Adão e Eva se viram no seio de um universo que deixara de ser amical. A partir do momento em que Deus desapareceu por trás da indiferen-ça da natureza, o ser humano não pôde mais encontrar naquela terra um abrigo habitável. Nesse tipo de comparação entre uma angústia de origem psíquica (a da personalidade esquizofrênica) e outra, metafísica, do homem separado de Deus, não era de se reduzir uma disciplina a outra que se tratava. Se Drewermann procurou com-preender a religião a partir da teoria psicanalítica da angústia – o que o levou a negar a existência factual do sobrenatural (os milagres) –, ele buscou, também, elevar esta última além da simples psicologia, até a dimensão do sagrado: "... A Teologia deve se corrigir e se defi-nir, ela mesma, de nova maneira (...) diante das perspectivas abertas pela Psicanálise. Mas, inversamente, a visão psicanalítica deve acei-tar ser completada e aprofundada pela teologia, se não quiser, ela própria, se afundar em uma outra forma de positivismo."[55]

Quanto à primeira vertente, não tenho certeza de que a fé cristã *tradicional* não estivesse em perigo, e compreendo que uma diferença irredutível opunha a Igreja a Drewermann. Além disso, a referência à Psicanálise não tinha ali o sentido de uma crítica da Religião. Ao que me parece, ela mais tinha a ver com o projeto de reconciliar, enfim, humanismo e espiritualidade, preocupação da liberdade de consciên-cia e sentimento da transcendência dos valores mais profundos.

---

[55] *De la naissance des dieux à la naissance du Christ*, p. 48.

A humanização do divino: de João Paulo II a Drewermann

As abordagens puramente psicológicas da angústia, por mais interessantes, são sempre curtas demais. Que através do diálogo entre Psicanálise e Teologia a dimensão do sagrado fizesse sua aparição na ordem das Ciências Humanas seria, nesse sentido, do maior interesse.

A concepção do divino, emanando dessa "psicoteologia" nem por isso deixa de ter uma extrema ambigüidade,[56] ela própria no mais alto ponto sintomática das novas figuras do religioso.

Por um lado, de fato, Drewermann comungava com os ecologistas profundos, na afirmação do caráter sagrado de todas as criaturas. Inspirando-se nas filosofias românticas, ele não estava distante de Hans Jonas, na idéia de que o homem é o produto mais bem acabado da natureza, só diferindo dos outros seres pelo grau, ou seja,

---

[56] Como é testemunha, entre outros, o seguinte texto: "Creio de duas maneiras em Deus. Creio primeiramente que as Ciências da Natureza estão em vias de nos traçarem uma nova imagem, propriamente, do pensamento teológico. Elas manifestam a necessidade de se respeitar um sistema que se organiza por si mesmo. Não podemos mais falar da matéria e do espírito como estávamos habituados a fazer no Ocidente. Descobrimos o espírito como uma propriedade estrutural de todos os sistemas complexos. O sentido se coloca por si só, a partir da via da evolução. Nesse sentido, Deus é algo que se desdobra, ele próprio, no mundo e com o mundo. Essa idéia bem poética e criativa, que lembra o panteísmo, é também bastante sábia e nos conduz a redescobrir de maneira nova nosso laço com as criaturas (...) Uma religião não pode mais, agora, ter credibilidade, senão marcando o sentido religioso do laço entre o homem e a natureza e aprendendo a unidade constitutiva da alma e do corpo (...) O segundo ponto é que agora não é mais possível banir a angústia resultante do fato de se perceber como indivíduo (...) Considero a fé em um Deus pessoal como um postulado urgente para responder a essa angústia humana. Creio ser o que pensou Jesus, quando quis nos dar de novo coragem para andar sobre as águas e sentir que o abismo nos levaria assim a que tivéssemos confiança. Essas duas imagens de Deus, a do Deus pessoal e a do espírito se desenvolvendo ele próprio – imagem da sistemática evolutiva –, são antitéticas. Mas considero possível que a velha doutrina trinitária do cristianismo seja capaz de juntar os dois papéis." *Frankfurter Allgemeine*, 3 de maio de 1991. Traduzido e comentado no número de *L'actualité religieuse dans le monde*, inteiramente dedicado a Drewermann, em março de 1993, p. 58.

LUC FERRY ⊖ O HOMEM-DEUS

quantitativa e não qualitativamente, apesar de essa distinção lhe conferir certas responsabilidades particulares. Vem disso sua declarada proximidade com o budismo, evidenciada em seu diálogo amistoso com o Dalai-Lama.[57] Também decorre daí sua famosa tese sobre a imortalidade da alma dos animais[58] e, paralelamente, sua não menos célebre crítica do "progresso que mata".[59] Sua obra, tratando desse tema, inscreve-se na longa série das desconstruções do antropocentrismo moderno. Assim como a ecologia radical e, nos mesmos termos, ele denunciou um certo monoteísmo, suposto anunciar o cartesianismo e a ideologia da filosofia das Luzes, grandes responsáveis pela "devastação da terra" na época contemporânea. Com relação a isso, o livro de Drewermann contra o progresso não demonstra qualquer originalidade particular: ele tende a dar crédito à idéia simplista segundo a qual teríamos escolha apenas entre um "humanismo que mata", de origem judaica e cartesiana, e o retorno a uma religião da natureza, em que todas as criaturas estariam situadas no mesmo plano (o que o ecologismo designa pela expressão "igualitarismo biosférico").

Mas essa visão panteísta parece incompatível, como, aliás, o próprio Drewermann reconhece, com a concepção cristã de um Deus pessoal, transcendendo com todo seu esplendor as criaturas terrestres. Misturando temas cristãos a outros, cosmológicos, budistas e animistas, que nada têm a ver com o cristianismo e, sob muitos aspectos, dele se afastam, Drewermann se aproximou da "nebulosa místico-esotérica" que, desde os anos 1970, não parava de ganhar terreno junto aos jovens.[60] Como nas ideologias *"new age"*, essa

---

[57] Cf. *Les voies du coeur*, trad. Cerf, Paris, 1993.
[58] *De l'immortalité des animaux*, trad. Cerf, Paris, 1992.
[59] *Le progrès meurtrier*, Stock, 1993 para a tradução francesa.
[60] Cf., quanto a isso, o artigo de Françoise Champion e Martine Cohen, in *Le Débat*, Gallimard, maio-agosto 1993.

A humanização do divino: de João Paulo II a Drewermann

concepção naturalista e impessoal do divino estava ligada a uma crítica do Ocidente. Da mesma forma, vinha acompanhada de uma desconstrução radical das pretensões do sujeito moderno de controlar o seu destino pela vontade e pela inteligência. Por esse viés, ela pode ser associada ao tema psicanalítico da *"déprise* do sujeito"[61] e defender a necessidade, para o indivíduo, de abandono do projeto de controlar sua própria vida pela consciência moral do superego. Deve-se aceitar o desvio pelo inconsciente para, enfim, destronar o "sujeito metafísico", suposto senhor e possuidor da natureza, assim como de si mesmo. Daí a denúncia contra o "pelagianismo", depois contra o kantismo e, por intermédio deles, contra todas as morais do dever que pretendem exprimir os objetivos da ética em termos de esforço, de imperativo, de lei...

Por essa mediação da Psicanálise escapa uma segunda concepção do divino: para responder à angústia inerente à solidão do ser humano, deve-se admitir o "postulado" de um Deus pessoal, que nos ama, cuida de nós e nos dá a imortalidade. Permanece inteira a questão de saber como essa imagem de Deus pode se reconciliar com a primeira. Sobretudo, porém, ela confirma de maneira preocupante para os cristãos "tradicionais" a sentença de Voltaire: por querer demais tornar Deus uma resposta às expectativas do homem, corre-se o risco de se reduzi-lo à simples projeção subjetiva das nossas necessidades, temor que se justifica ainda mais por concordar perfeitamente com a leitura dos Evangelhos em termos de símbolos e não de fatos históricos. De Feuerbach a Freud, passando por Marx, os críticos mais virulentos da religião não a abordaram de outra forma: ela não passa de criação humana "fetichizada", no sentido que Marx deu a esse

---

[61] Desapropriação, no sentido material (de um terreno, um imóvel), ou desprestígio, quebra da ascendência moral, no afetivo. (N.T.)

termo. Nós produzimos a idéia de que precisávamos e, esquecendo o processo de produção, cedemos à ilusão da existência objetiva do produto.

Resulta que, dada essa humanização do divino, constantemente buscada por Drewermann, uma das exigências mais fundamentais do universo leigo se vê, senão satisfeita, pelo menos levada em consideração: a de uma espiritualidade compatível com aquela liberdade de consciência e autonomia que a recusa dos argumentos de autoridade nos leva a pensar. A religião entra, dessa maneira, na órbita de uma das visões morais que dominam o universo contemporâneo: a ética da "autenticidade" e do cuidado consigo que de tal modo sacraliza o homem, que vem a intimar o divino a não mais aparecer sob as espécies da "heteronomia", que passa a ser assimilada ao "dogmatismo". Não se deve mais procurar o divino em algum termo grandioso, situado radicalmente fora da humanidade, mas no amor que se encontra no coração de cada um de nós: "Somente o amor", escreveu Drewermann, "crê na imortalidade. Só podemos descobrir isso ao lado de uma pessoa que nos ama, da mesma forma que a amamos. Só se pode chegar ao céu a dois..."[62] A mensagem, trazida por verdadeiro terremoto, assustou a instituição. Mais ainda porque à humanização do Divino, na Teologia, corresponde, na sociedade contemporânea, à do Gênio Maligno...

As metamorfoses do Diabo

O que viria fazer Satanás em pleno fim de século, às vésperas do "ano 2000", que, até bem pouco tempo antes, era suposto trazer

---

[62] *Sermons pour le temps pascal*, p. 94.

A humanização do divino: de João Paulo II a Drewermann

todas as belas promessas da filosofia das Luzes: os progressos da civilização, conduzidos pelos das ciências e das técnicas, a razão, enfim, vitoriosa sobre a superstição, a liberdade de espírito emancipada das autoridades clericais, a paz perpétua? O Diabo não havia desaparecido das nossas crenças a ponto até de a maioria dos próprios cristãos verem nele apenas a imagem de uma metáfora? Até o início do século XVIII, os católicos, recitando o "Pai Nosso", suplicavam ainda ao Altíssimo que os protegesse do "Gênio Maligno". Pelo menos era como se exprimiam. De maneira significativa, a expressão desapareceu da famosa oração, transformou-se, por assim dizer humanizou-se, como se, paralelamente à secularização do divino, a do Demônio também percorresse seu caminho: o cristão moderno não pede mais a Deus senão que o livre do "Mal". Primeira metamorfose do Diabo: sua personificação desmanchou-se no decorrer do tempo.

E, no entanto, nada mudou: basta evocar o que se passou em Ruanda ou na Bósnia para vir a sensação irreprimível de que, mesmo que o Diabo tenha morrido, estamos longe de ter dado fim ao demoníaco. Existe, é verdade, uma diferença entre *fazer mal* e *fazer o mal*. Não é nova a distinção: Platão já sublinhava que o médico devia às vezes infligir sofrimento a seu paciente, sem nem por isso estar dando prova da menor maldade. Na verdade, ele inclusive tinha dúvidas, como seu mestre Sócrates, quanto ao homem poder fazer o mal voluntariamente, tomar isso como um projeto propriamente. Ora, é justamente essa a desconfiança que ainda hoje em dia não deixa de preocupar. Pois não é somente o espetáculo da desgraça alheia que, de certa maneira, corta a palavra e o apetite, mas o fato de existir a convicção, sem que se consiga muito bem definir seus motivos, de que as misérias que se abatem sobre os seres humanos foram assim

LUC FERRY ⊖ O HOMEM-DEUS

desejadas, quase como tais. Como se existisse uma lógica do ódio,[63] ultrapassando amplamente a identificação dos primeiros "responsáveis" por um conflito, qualquer que ele seja. Os estupros, os assassinatos gratuitos, os massacres e as mais sofisticadas torturas são moeda comum em diversos lugares, tanto no lado dos carrascos como, logo em seguida e se apresentando a ocasião, no das vítimas. Assinala-se isso não para ocultar as responsabilidades políticas de ambos os lados, mas sim para sublinhar que o mais surpreendente, para os que foram criados dentro de uma relativa suavidade de sociedades pacificadas, é que os exageros da violência não sejam a exceção, tornando-se a norma, e que se encontrem, no final e de todos os lados, milhares de indivíduos tendo disso participado.

O estranho é que (sempre?) esses crimes grandiosos parecem externos às finalidades da guerra propriamente dita. Por que seria preciso, para a vitória, obrigar mães a lançarem seus bebês vivos dentro de uma máquina misturadora de concreto, como se assegura ter sido o caso na Bósnia?[64] Por que cortar, com facão e em pedaços, recém-nascidos, para equilibrar caixas de cerveja, ou serrar-lhes a cabeça diante dos seus pais, como fizeram os hutus? Havendo a execução, por que, antes, torturar o inimigo? Que o soldado seja obri-

---

[63] Que Jean-Luc Marion analisou em *Prolégomènes à la charité*, edições La Différence, 1986.

[64] Segue, a título de exemplo, um trecho da acusação feita pelo Tribunal Penal Internacional para a ex-Iugoslávia, em novembro de 1995, contra alguns dirigentes sérvios: "Milhares de homens foram executados e enterrados em grupo, centenas foram enterrados vivos, homens e mulheres foram mutilados antes de serem massacrados, crianças foram mortas diante das mães, um avô foi obrigado, sob ameaça, a comer o fígado de seu neto..." Esse documento é importante pois foi estabelecido por juristas profissionais, só podendo se apoiar em testemunhos e provas irrefutáveis. Basta para dar a dimensão do desastre, ainda mais se lembrarmos que a acusação em questão tratava apenas de um único episódio da guerra: a queda de Srebrenica, em julho de 1995.

A humanização do divino: de João Paulo II a Drewermann

gado, mais até do que o médico de Platão, a "fazer mal", todos concordam. E, por essa razão, a guerra é detestável. Mas, mesmo nesse caso extremo, sem dúvida mais desesperador do que o da medicina, não é, todavia, rigorosamente necessário "fazer o mal" para vencer. Existe, mesmo no seio do mais trágico e brutal conflito, uma ética do soldado, que não precisa ser obrigatoriamente um canalha para cumprir uma missão suja. O heroísmo, a coragem, mas também o espírito cavalheiresco ou mesmo a compaixão podem manter um certo lugar.

Tudo acontece, no entanto, como se a guerra fornecesse a ocasião para sutilmente se passar, com toda impunidade, do mal ao cruel e como se o mal deixasse de ser um meio, se tornando um fim, não mais uma realidade trágica, mas um passatempo, para não dizer um divertimento planejado... Não foi, então, inteiramente por acaso ou superstição que a Teologia falou de "crueldade". O próprio Kant, que concordava, sem nunca admiti-lo, com as idéias de Sócrates, achava que ela vinha do Demônio. Um dos seus discípulos, Benjamin Ehrard, chegou a imaginar, em um estranho opúsculo intitulado *L'apologie du Diable*, quais seriam os princípios da ação de um ser que houvesse escolhido, sem erro e sem hesitação alguma, exclusivamente as ações más. Tais princípios só poderiam, é claro, ser os do Anticristo...

Ainda nos dias de hoje, entregue à sua luta contra os católicos "modernistas", que querem acomodar o cristianismo ao gosto da época, a Igreja mantém o dogma firmemente: o Diabo tem uma existência real. Apesar de Drewermann e dos teólogos conquistados pela Psicanálise, o Adversário não é um símbolo a ser interpretado, uma entidade psíquica produzida por nosso inconsciente, mas ele simplesmente é o Príncipe dos demônios, mesmo que não em carne e osso, já que se trata de um espírito, mas poderoso o bastante para encarnar em um corpo de homem e engendrar o fenômeno bem concreto da "possessão". A prática do exorcismo, por mais arcaica que pareça, não é nada supérflua.[65] Pelo menos é o que relembra um documento da Sagrada Congregação, publicado em 1975, com o título "Fé cristã e demonologia". Sobretudo, foi o que o próprio Paulo VI sublinhou, em um discurso de 15 de novembro de 1972: "Quem quer que não admita a existência do demônio ou a considere um fenômeno independente e não tendo, contrariamente às demais criaturas, Deus como origem, ou ainda a defina como pseudo-realidade, como personificação conceitual e fantástica das origens desconhecidas de nossas doenças, transgride o ensinamento bíblico e eclesiástico..." Contra os maniqueus e outros discípulos de Zoroastro, deve-se guardar bem a idéia de que foi Deus, e ninguém mais, que criou o Diabo – sem o que haveria dois princípios iguais, e o divino não seria mais o "Todo-Poderoso"; mas para não se atribuir ao Senhor a criação do mal como tal, o que seria um sacrilégio, deve-se admitir que Satã, anjo sublime no início, ocasionou sua malignidade por conta própria e por conta de sua livre escolha para o mal.[66]

Apesar dos esforços do Papa, o Adversário desceu à Terra. A humanização do divino, a interiorização dos conteúdos religiosos

---

[65] É o que comprova o retorno de obras dedicadas a isso, com o beneplácito oficial das mais altas autoridades clericais. Citemos, entre outras, a do padre Dom Armoth, exorcista da diocese de Roma (*Un exorciste raconte*, edições F. X. de Guibert, 1993), a de Georges Morand, capelão de um grande hospital parisiense (*Sors de cet homme, Satan*, Fayard, 1993), ou ainda a do padre Louis Costel, caçador do Maligno na diocese de Coutances (edições Ouest-France, 1993, em colaboração com Daniel Yonnet).

[66] Dentre as temíveis dificuldades colocadas no plano teológico pela hipótese de Satã, vamos mencionar a do filósofo italiano Giovanni Papini, em seu famoso livro sobre o Diabo: pode o cristianismo, que prega o amor por seu inimigo, excluir o Diabo desse amor? Agradeço a Nicolaus Sombart me ter chamado a atenção para esse livro tão curioso quanto inteligente.

A humanização do divino: de João Paulo II a Drewermann

pelo espírito humano interiorizou também o Maligno. Rousseau, que estava sempre pronto a apontar as falhas da história, compreendeu isso e foi um dos primeiros a formulá-lo: "Homem, não procura mais o autor do mal", escreveu ele em *Emílio*, "és tu mesmo o autor. Não existe mal nenhum além daquele que causas ou daquele pelo qual sofres, e ambos vêm de ti."[67] Essa secularização aconteceu, e o discurso da Igreja convence cada vez menos. No entanto, o mal radical não se contentou em passar do demoníaco ao humano, de uma pessoa espiritual a uma pessoa carnal. Uma segunda metamorfose ocorreu: o demoníaco parece hoje em dia ter deixado a esfera *pessoal* em geral, não sendo mais imputável a um sujeito, de qualquer ordem que ele seja, mas somente ao contexto, ao meio social, familiar ou qualquer outro que o tenha engendrado. Apesar das aparências, não se pode garantir que o "progresso" assim alcançado pela razão contra a superstição seja unívoco. Mas o discurso contextualista ganha em toda parte. Mesmo Hannah Arendt, no entanto, pouco suspeita de simpatia pelo determinismo das Ciências Humanas, rendeu-se à idéia de uma "banalidade do mal":[68] pequeno funcionário consciencioso, bom pai e bom marido, Eichmann pode ter cumprido seu papel "sem pensar", de maneira instrumental e mecânica, como se tratando de qualquer missão ordinária... Estou convencido do contrário e, pesando prós e contras, me pergunto se a Teologia, mais uma vez, não teria alcançado uma verdade bem mais profunda do que a dos nossos discursos contemporâneos, denunciando a "cruel-

---

[67] *Emile*, Pléiade, IV, 588.

[68] Como sugeri em *Philosophie politique II*, existem, na verdade, duas figuras da negação da subjetividade e, por isso mesmo, do mal: a do determinismo e aquela, igualmente temível, das desconstruções da "metafísica". Foi evidentemente a essa segunda corrente, de inspiração heideggeriana, que aderiu Arendt ao defender a idéia, a meu ver equivocada, de uma banalidade do mal.

dade" em uma entidade *personificada*, atribuindo a vontade de fazer o mal, como tal, a um sujeito consciente... Não estou pretendendo que o mistério do mal se tivesse, com isso, dissipado, mas ele pelo menos tinha um nome e permanecia, mesmo para os não crentes, uma questão. Baudelaire dizia do Diabo que sua mais bela artimanha consistia em nos persuadir de sua não-existência. Tudo leva a crer que a artimanha funcionou, que ela nos convenceu.

A desumanização do mal ou a redução ao contexto: o discurso do advogado

Quando um crime particularmente horrível ganha o noticiário – um crime como os que ocorrem também na França, é claro, mas como aqueles que diariamente se organizam em grande escala nos países em guerra –, o advogado facilmente se revela discípulo das Ciências Humanas. As explicações sociológicas ou psicanalíticas se impõem por si só no estabelecimento das circunstâncias atenuantes: ele chama a atenção para o "pesado passado" do assassino, que rapidamente se torna vítima de uma sociedade, de um meio ambiente, de uma família, de uma herança genética ou até do poder político que eventualmente o constituíram. O argumento é tão ritual, tão bem codificado, que acaba se tornando ridículo. Por exemplo, um advogado que exclamasse perante o júri, defendendo um filho que matou os próprios pais: "Como? Não vão querer, afinal, condenar um órfão!" Se essa anedota causa algum efeito em nós é porque, como sempre, ela diz mais do que aparenta. Na verdade, ela inclusive diz muito: pois são todas as Ciências Humanas, quer dizer, o essencial (em quantidade, pelo menos) dos discursos atualmente dedicados ao ser humano, que foram de forma implícita convocados para essa

A humanização do divino: de João Paulo II a Drewermann

defesa. Última metamorfose do Diabo: contra as religiões que situavam o mal em uma entidade pessoal transcendente, mas também contra o humanismo ao estilo de Rousseau, que se contentava de deslocá-lo para o ser humano, correndo o risco de diabolizar este último, as Ciências Humanas deram um passo suplementar na secularização do Maligno: é no seio de um contexto, de um "meio ambiente", como tão bem se diz, que elas nos propõem, atualmente, que procuremos. Como se o homem, no fundo irresponsável por seus atos, nunca fosse senão o produto de uma série de contextos: os de sua classe e de sua nação, de sua família e de sua cultura, ou ainda, com a entrada no mercado da "sociobiologia", os dos seus genes e de seus hormônios... E a máquina intelectual assim estabelecida funciona tanto e tão bem, que o Mal, em última instância, não se encontra mais em lugar algum.

Daí a sensação de um formidável desnível entre o que observamos e o que somos capazes de pensar. Abismo separando a realidade, quase cotidiana, do horror que nos envolve, e os conceitos que, pretendendo apreendê-la, reduzem-na a nada... Abismo ainda mais enigmático para nós, democratas, por possuir raízes no mais profundo das nossas representações modernas do ser humano.

Fascinadas pela igualdade, nossas sociedades democráticas tiveram, de fato, de rejeitar – e felizmente, sob certos aspectos – a idéia da existência de uma aristocracia do bem e do mal. "Os homens nascem livres e iguais em direito." Tendo esse direito alguma equivalência nos fatos, deve-se supor que não nascemos irremediavelmente bons ou maus, mas assim nos tornamos, em função das circunstâncias. A idéia de um mal "por natureza" nos contraria, e é por isso também, e por achar que nada está decidido desde sempre e para sempre, que acabamos abolindo a pena de morte, que não deixa nenhuma chance à perfectibilidade do criminoso. Foi também sob

esse ponto de vista que foram elaborados os instrumentos concei-
tuais permitindo se reduzir o mal a situações determinantes que
eventualmente o produzem de maneira quase mecânica. É verdade
que ele assim se torna mais inteligível para nós, menos misterioso e
menos perturbador, pois explicável por uma cadeia causal de razões.
Mas, no momento mesmo em que pensamos identificá-lo, ele nos
escapa entre as mãos: engendrado por uma história *exterior* ao indivíduo, ele não pode, definitivamente, ser imputado a alguém.

Tem mil facetas, hoje em dia, esse processo de redução aos determinismos. Ele, de tal modo e tão bem, constituiu a ideologia dominante, que se chegou, em nome das Ciências Sociais, a "banalizar" as
mais incontestáveis figuras do mal contemporâneo. Por exemplo,
com relação ao nazismo, no entanto situado, no imaginário coletivo,
no topo do pódio dos grandes malefícios do século. O caso causou
estardalhaço na Alemanha, onde desencadeou, já nos anos 1970,
uma polêmica de rara violência. Ele merece que nos demoremos um
instante em seu conteúdo, dado seu valor de paradigma, aqui.

Preocupados em ultrapassar o estágio da simples indignação
moral, alguns historiadores procuraram recorrer à sociologia para
tentar enfim compreender, ou melhor, explicar como Hitler havia
chegado à execução da "solução final". A hipótese da "loucura" lhes
parecia insuficiente, demasiado pessoal, no fundo, para dar conta de
um fenômeno social e político de tal envergadura. Pensaram, então,
em esclarecer os *mecanismos* pelos quais o sistema político do
Terceiro Reich pôde *engendrar* o genocídio; revelar, conseqüentemente, o *contexto e o modo de produção* do crime contra a humanidade. Hans Mommsen e Martin Broszat,[69] para citar seus nomes,

---

[69] Para um resumo claro, apesar de tendencioso, dessa famosa querela, podemos nos
remeter ao artigo de Tim Mason, publicado em *Le Débat* (Gallimard) de setembro
de 1982, com o título *Banalisation du nazisme?*.

A humanização do divino: de João Paulo II a Drewermann

eram liberais progressistas sem qualquer simpatia, mesmo que inconsciente, que os pudesse ligar à ideologia nazista. Não deixaram, pelo contrário, de sublinhar a aversão que isso lhes suscitava, como em qualquer um de nós. Também ambos eram excelentes historiadores, assim reconhecidos por seus colegas. Mas – e aí está o essencial desse caso – o recurso às Ciências Humanas naturalmente leva, quando não se tomam os devidos cuidados, à banalização. Desmontando as engrenagens do poder nacional-socialista, analisando a competição feroz que então opunha os diferentes grupos, a fragmentação dos processos de decisão etc., Mommsen e Broszat chegaram pouco a pouco a traçar de Hitler um retrato singular: o de um "ditador fraco", não responsável por escolhas políticas, que foram efeito de uma infinidade de microdecisões e de miniderivadas, determinadas de maneira quase mecânica pelo funcionamento da vida política alemã. Vitória absoluta do contexto, em suma, sobre a responsabilidade dos homens, já que o único verdadeiro culpado, em última instância, não era outro senão o "Sistema", ou seja, ninguém! A tese causou escândalo, lembremos ainda, mas nem tanto por estar equivocada, mas, bem pelo contrário, por suspeitas de que fosse verdadeira o bastante, a ponto de legitimar a banalização do crime: mostrando que ele era determinado a partir do exterior, com um rigor implacável e independente das *intenções* declaradas das políticas, retirava-se dos homens a responsabilidade, para situá-la em uma entidade abstrata. Mommsen e Broszat confirmavam, daquele modo, a tese arendtiana da "banalização do mal"...

Contra a análise construída com ajuda da Sociologia,[70] outros historiadores[71] fizeram, então, valer a necessidade de se reabilitar a

---

[70] Funcionalista, no caso. Mas mesmo que fosse de inspiração marxista, o resultado seria exatamente o mesmo: pois foi a manifestação dos determinismos que, como tal, enfraqueceu a idéia de responsabilidade e levou à desumanização do mal.
[71] Sobretudo Karl Dietrich Bracher e Klaus Hildebrandt.

vontade e o papel dos grandes homens, mesmo que, no caso, grandes criminosos. Não era tanto a mecânica política que se devia considerar, mas as famosas "intenções declaradas", que a sociologia teria evitado. Era na visão do mundo dos dirigentes nazistas, em sua *Weltanschauung*, que já se podia ler um futuro sinistro que, no total, se mostrou em conformidade com as funestas premissas. Esses historiadores foram, como era de se prever, taxados de conservantismo, de resistência arcaica aos progressos do conhecimento científico...

Não pretendo aqui decidir o debate. Apenas sublinhar uma das suas maiores apostas, perceptível mesmo para o grande público: a abordagem "científica" do mundo humano, desse mundo que Dilthey ainda designava como um "mundo do espírito", para protegê-lo das Ciências da Natureza, tende à objetividade. O termo deve ser entendido em seu sentido forte: tomado como objeto, o homem é reificado, transformado em simples coisa, e seus comportamentos, sejam bons ou maus, mesmo cruéis, passam a ser, após análise, resultado apenas de mecanismos inconscientes e cegos. O discurso de defesa do advogado se beneficia disso, é claro. Sua tese se enriquece, pois ganha, enfim, argumentos sólidos para se remeter ao adágio socrático: ninguém, agora de maneira comprovada, é voluntariamente cruel! Mas o mundo do espírito se prejudica, e passamos a não mais compreender o que opõe a ação humana, no sentido mais amplo do termo, àquelas que julgamos "inumanas". À medida que a responsabilidade do Mal nos é tirada, ficamos também, pelas mesmas razões, dispensados da responsabilidade do Bem. Se ninguém mais é voluntariamente cruel, se tudo é resultado de determinação pelo contexto, ninguém também é bom senão por efeito de uma situação favorável. A responsabilidade do homem se esvai, mas o Bem e o Mal desaparecem com ela. As metamorfoses do Diabo podem afinal terminar. Sua malícia teve pleno sucesso.

A humanização do divino: de João Paulo II a Drewermann

Apesar de tudo indicar o contrário, é possível ainda haver hesitação quanto a isso? As interpretações sugeridas pela Sociologia e outras Ciências Humanas têm sem dúvida sua parte de verdade. Quem poderia atualmente negar que o ambiente social ou afetivo, sem falar da herança genética, tenha um papel consciente ou inconsciente em nossos comportamentos? No entanto, introduz-se a desconfiança de que essas considerações científicas são eternamente incompletas, deixando sempre escapar uma parte (o essencial?) do que pretendem apreender exaustivamente. Usando uma expressão comum, é um erro confundir uma *situação*, que pode favorecer certos comportamentos, mas não necessariamente obrigá-los, com uma *determinação*, que os engendraria de maneira mecânica e irresistível. Como, seriamente, acreditar que aqueles que elevam o estupro e a tortura ao patamar dos princípios não sabem o que fazem? Como aceitar que se tornem não mais carrascos, mas vítimas de uma história "difícil"? Pode-se perfeitamente admitir, no final das contas, que brutamontes cheios de álcool e que fazem na prática o trabalho sujo, sejam motivados por pulsões sádicas mal controladas, pela propaganda nacionalista ou pela ação de drogas sobre os neurotransmissores. Foi inclusive dito que uma dessas drogas, utilizada por soldados russos na Chechênia, tinha o doce nome de "ferocina". É bem possível. Mas e aqueles que prescreveram essa "ferocina", que, em seus escritórios, planificaram os massacres, que impuseram a ordem de se arrasar um vilarejo, sabendo o que isso na prática significava? A hipocrisia com que se nega o recurso a tais expedientes não seria, segundo a fórmula consagrada, a homenagem prestada pelo vício à virtude? Explicar seu comportamento pelo desregramento da libido ou pelas dificuldades de sua vida infantil seria derrisório com relação à dimensão política do fenômeno. Mas, se remeter às explicações sociológicas, seria se chocar com o mistério da diversidade: nem

LUC FERRY ⊖ O HOMEM-DEUS

todos os sérvios cederam ao nacional-comunismo, como os croatas não se identificavam de maneira unânime com seus líderes fascistizados. Toda situação pode, é verdade, determinar. Nenhuma, por si só, é rigorosamente determinante. Prova disso, mesmo marginal, os dissidentes e resistentes, em todos os regimes totalitários...

Felizmente, aliás, certos representantes das Ciências Humanas têm lucidez e coragem intelectual bastante para concordar com isso. Mas eles precisam se opor às correntes dominantes em suas disciplinas. Uma das vertentes da Psicanálise, sobretudo, esteve, sem dúvida alguma, entregue ao reducionismo mais radical. Nem mesmo o grande Freud ficou isento disso. Sobre a personificação do Mal, na maior parte do tempo, ele nos disse apenas banalidades: o Diabo é o inconsciente, a "contravontade", a libido, o sexo, as pulsões recalcadas, um mau pai e outras descobertas dignas de um estudante de primeiro ano. Por exemplo, em carta a Fliess de janeiro de 1897: "Achei explicação para o vôo das feiticeiras; a grande vassoura é provavelmente o grande senhor Pênis..." Boa jogada, mas a linha com que alinhavou tudo isso não podia eternamente passar despercebida. Ao introduzir em sua reflexão o mecanismo da "projeção" e, sobretudo, o instinto de morte, Freud, sem dúvida, se aproximou mais da questão. Mas o mistério nem por isso deixou de se manter, pois o mal não é simples emanação do espírito, um mecanismo puramente psíquico: ele se remete a uma exterioridade bem real, como reconhece, não sem certa humildade, um dos melhores analistas atuais, André Green. No final de um belo artigo intitulado, de maneira significativa, "Por que o mal?", Green concluiu da seguinte maneira, que vale ser meditada: "... Permaneço convencido de que o mal existe e que não é uma defesa, nem uma atitude de fachada ou a camuflagem de uma psicose. Deve-se procurar o mal onde ele reina. No mundo exterior... Eu quis mostrar que, sem percebermos ou que prestemos

A humanização do divino: de João Paulo II a Drewermann

atenção, estamos sitiados não só pela violência, constatação banal, mas pelo mal. Racionalizações sociológicas ou políticas podem propor explicações. Quando colocadas à prova, não se sustentam..." Evocando as vítimas da Shoah, aquelas que o destino permitiu que sobrevivessem, Green ainda acrescentou o seguinte: "Tudo indica, por seus testemunhos, que eles até hoje não compreenderam. E nós ainda menos."[72]

O mal, então, não tem por quê: essa "resposta" há de decepcionar os homens de ciências. É, no entanto, menos trivial do que parece. Sugere que o mistério se encontra, segundo a expressão de Kant, nas profundezas da alma humana. Significa, sobretudo, que *deve* haver ali um mistério do mal, como também do bem, para que esses dois termos constituintes da própria idéia de moralidade possam até mesmo ganhar um sentido. Ambos são excessos barrocos com relação à lógica da natureza. A comparação com o reino animal é singularmente esclarecedora: da mesma forma como não são cruéis, propriamente dito, mesmo quando infligem a seus semelhantes os piores sofrimentos (e são abundantes os exemplos da "crueza" do mundo animal), os animais não são capazes da generosidade inesperada, que, às vezes, caracteriza os seres humanos. Por mais dedicados e afetivos que possam ser, tudo permanece previsível e dentro das regras, para não dizer inelutável em seu comportamento. Mas o homem é, por excelência, o ser da antinatureza[73] ou, melhor dizendo, o único ser da natureza (pois é também um animal vivo) que não

---

[72] In "Le Mal", *Nouvelle Revue de Psychanalyse*, Gallimard, nº 38, outono de 1988. Poderíamos dar outros exemplos de interpretações não reducionistas das ciências humanas. É notório, sobretudo, o lugar deixado pela sociologia de Alain Touraine à liberdade dos "atores".

[73] Sobre essa definição da característica do homem e sobre a comparação com o reino animal quanto ao problema da liberdade, do bem e do mal, cf. *Le nouvel ordre écologique*, Grasset, 1992, primeira parte.

só não é programado pela dita natureza, mas pode também se opor a ela. E aí está o mistério de sua liberdade, entendida como capacidade para transcender o ciclo animal da vida instintual. "Excesso" quer dizer também transcendência: se o bem e o mal são misteriosos, às vezes tão inesperados quanto incompreensíveis, é porque precisam ser assim para existir. É por não serem animados por essa misteriosa liberdade, por essa incompreensível independência com relação à natureza, que os autômatos e, inclusive, os animais não são capazes do bem e do mal: eles foram determinados – pela mecânica ou pelo instinto – a viver e a se comportar de acordo com leis intangíveis e imutáveis, que são aquelas da espécie a que pertencem há milênios. Quanto ao ser humano, ele não foi totalmente programado por código algum. Como disse Rousseau, ele escapa tão bem da lei suprema da natureza, a da autoconservação, que pode se suicidar, se sacrificar e cometer excessos até o ponto de por eles perder a vida! No olho humano, acrescentou Fichte, se lê essa indeterminação fundamental, implicada por uma liberdade que, incessantemente, pode escolher ser liberdade para o bem ou liberdade para o mal. Ao contrário do olho dos pássaros, que se assemelha a um espelho, o do homem, por uma característica inexplicável, permite que o olhar do outro o penetre e se revela portador de um sentido que ninguém pode decidir *a priori* qual sentido ele terá. Mistério abissal da liberdade humana, dizia Kant, mas mistério necessário: pelas mesmas razões de não poder haver comentário elogioso sem liberdade de crítica, o bem moral é inseparável da possibilidade do mal, quer dizer, do postulado misterioso pelo qual o homem possui, em última instância, uma insondável liberdade de escolha.

De um comportamento marcado pela crueldade, diz-se, sem nem mesmo notar, que ele é "inumano". Chega-se, até mesmo, ao ridículo e ao desprezo do sentido exato das palavras, declarando-o

A humanização do divino: de João Paulo II a Drewermann

"bestial". O erro é colossal: o mal não só é humano, mas, inclusive, é uma das características do homem, uma das suas diferenças mais específicas em comparação com os outros seres. Não se encontram assassinos entre os animais. Mas existe, pelo contrário, em Gand, na Bélgica, um estranhíssimo e inquietante museu: o museu das torturas. Encontram-se inúmeros instrumentos, todos destinados à tarefa de se infligir a outros seres humanos os maiores sofrimentos que possam ser inventados. O que espanta, nesse local sinistro, é justamente a riqueza inesgotável da imaginação humana, quando se trata de causar danos. Alexis Philonenko tentou descrevê-la.[74] Ele concluiu, com toda razão, que ela, infelizmente, é apenas humana, demasiadamente humana... E aqui temos o enigma absoluto do mal, o porquê do desconforto que ele causa para toda reflexão filosófica: é pelos mesmos homens que divinizamos que ele, o mal, chega aos outros homens. À figura do homem-Deus responde a do homem-Diabo. Entre a Religião, que representava o demoníaco sob os traços de uma entidade personificada, e as Ciências Humanas que tendem à sua liquidação pura e simples, esboça-se, desse modo, uma terceira ordem do discurso: aquela que, no sentido mais forte, humaniza o mistério do mal, quer dizer, o interioriza, sem nem por isso pretender ter lhe dado fim. Daí a urgência e a dificuldade das reações morais, humanitárias ou outras, que a percepção do mal como tal suscita: secularizada, a ética é ainda capaz de encontrar em si as forças necessárias para um combate vitorioso? Não vivemos, pelo contrário, efeito inelutável da humanização do divino, a era do "pós-dever", o fim dos grandes entusiasmos e dos engajamentos decisivos pelo Bem? A questão, com efeito, vale ser colocada...

---

[74] Alexis Philonenko, *L'archipel de la conscience européenne*, Grasset, 1990, p. 108.

CAPÍTULO II

A divinização do humano: a secularização da ética e o nascimento do amor moderno

Não sem alguma ostentação, o final do século XX gostaria de ter-se colocado sob os auspícios de um louvável "retorno da ética". Como em singular contraste com a atmosfera ambiente, o discurso dos valores se estampava em todo lugar: na revivescência das organizações de caridade, nos combates contra o racismo e a "exclusão", na exigência de uma deontologia mais rigorosa para a mídia, na moralização da vida econômica e política, no cuidado com o meio ambiente, no aumento do poder dos juízes, na bioética, na luta pela proteção das minorias, contra o assédio sexual, o aborto, o tabagismo... É infindável a lista desses novos imperativos que, parecia, poderiam dar crédito à idéia de uma nova e generalizada preocupação com o bem ou até mesmo à de um "angelismo exterminador."[75]

Mas, com tudo isso, replicavam algumas vozes, a ética pura e firme, a do dever categórico e comovente não se encontrava mais em

---

[75] Cf. Alain-Gérard Slama, *L'angélisme exterminateur*, Grasset, 1993.

lugar algum. A retórica das obrigações austeras, a filosofia do "você deve, então, você pode", o rigorismo republicano, tudo isso teria fracassado, cedendo vez à lógica individualista da competição, do consumismo e da felicidade, ou, resumindo, a uma exigência de autenticidade, de proximidade com relação a si mesmo que apenas por antífrase se nomearia "ética"! O fim do enraizamento das normas morais no universo rigoroso de uma religião revelada ou, até, naquele de um simples civismo leigo significaria, no final do processo, senão o advento do laxismo, pelo menos a liquidação das noções de esforço e de sacrifício em favor de um egoísmo universal. Veja-se, aliás, a covardia das democracias quando se trata de defender seus princípios próprios! Veja-se também o crescimento dos corporativismos, a deserção cívica[76] dos simples cidadãos e, no mais alto nível inclusive, a multiplicação dos "negócios". Aqui, como em tudo mais, "descer o nível" é a regra... A preocupação com a sua própria pessoa, com seu bem-estar e com o de seus próximos, a concorrência desenfreada, a busca do conforto material e psicológico teriam assim substituído, pela erosão do sentimento de dependência radical com relação ao divino ou à Nação, a antiga exigência do dom de si. A verdade das éticas leigas se deixa entrever nesse "crepúsculo do dever" do qual o mundo moderno, universo de competição e de consumismo, nos oferece um permanente espetáculo.

Progresso moral ou "crepúsculo do dever"?

Declínio ou retorno da ética, progresso moral ou naufrágio da humanidade no individualismo e no consumismo infinito? O comba-

---

[76] Segundo a expressão que tomei emprestada de Marcel Gauchet.

A divinização do humano: a secularização da ética...

te, paralelamente àquele sobre a cultura moderna, não pára de rondar a reflexão contemporânea. Cada início de ano literário o renova, com ensaios inéditos que tentam acrescentar sua contribuição decisiva e vêm relativizar o otimismo dos defensores de uma "geração moral".

Na origem dessas legítimas interrogações: a aparição, no decorrer dos anos 1960, de uma visão de mundo caracterizada pela pretensão à "autenticidade" e exigindo, em nome do respeito dos indivíduos, a erradicação de todos os dogmatismos, fossem eles de origem moral ou religiosa. Segundo Gilles Lipovetsky,[77] a entrada em cena dessa ética, longe de ser um episódio de superfície, circunscrito apenas àqueles anos 1960, marcou a conclusão derradeira do longo processo de secularização que nos trouxe, desde o século XVIII, à laicidade plena. As novas exigências de autonomia individual se traduziriam pela ruína dos ideais sacrificiais que ainda dominavam as primeiras morais leigas, republicanas e rigoristas. O diagnóstico que ele propôs merece reflexão. Não só por seu interesse intrínseco, mas também porque recusa, previamente de certa maneira, a idéia de que novas figuras do sagrado possam animar os valores contemporâneos. Para que as frases deixem de soar como *slogans*, sem dúvida se deve começar a definir mais concretamente a categoria de autenticidade.

A ética da autenticidade

Ela abrange, primeiramente, a exigência antiaristocrática que já transparecia tão manifestamente nos movimentos de protesto dos

---

[77] *Le crépuscule du devoir. L'éthique indolore des nouveaux temps démocratiques*, Gallimard, 1992.

anos 1960. O mundo antigo, o universo político com que a Revolução Francesa quis romper, era amplamente dominado pela noção de hierarquia. Dos seres, é claro, pois era em que se baseava o feudalismo, mas também das normas – com as divinas sendo consideradas superiores às humanas. Não houve movimento democrático que não tenha, nos dois últimos séculos, ao mesmo tempo, insistido na necessidade de mais se promoverem a igualdade e a laicidade. A rebelião de maio de 1968 na França não constituiu exceção a essa regra. As hierarquias sociais, políticas, morais, estéticas e culturais continuavam a se impor a todos (ou quase) como evidentes. Foi o que a ética da autenticidade denunciou plenamente: da maneira como surgiu, no meio dos anos 1960, ela pensava promover, contra a antiga noção de excelência, o projeto de uma absoluta igualdade dos valores e das condições. Para compreender isso, um exemplo basta, pois ele é altamente simbólico: não se diferenciariam mais "boas" e "más" práticas sexuais. Era esse o significado da famosa liberação exigida pelos jovens: devia-se terminar, nessa matéria como em qualquer outra, com a noção normativa e "repressora" de hierarquia. Não havia mais norma alguma natural, religiosa, jurídica ou outra que valesse, senão a exigência, ela própria percebida como a única autenticamente moral, de se deixar cada qual ser si mesmo, contanto que ele o fosse verdadeiramente. Por isso a motivação igualitarista, entendida como um direito de autenticidade para todos, se associava tão facilmente à idéia de um "direito à diferença". No campo cultural, essa noção adquiriu diversas equivalências: devia-se abolir qualquer "distinção" entre a música erudita e a música "pop", entre o romance tradicional e os quadrinhos, entre o Ocidente europeu e os povos do Terceiro Mundo, ou seja, resumindo, entre tudo aquilo que erradamente vinha ainda sendo tratado através das categorias aristocráticas de "alta cultura" e de "subcultura". Não se trata

A divinização do humano: a secularização da ética...

aqui de julgar essa pretensão universal à igualdade pela autenticidade (pelo direito de ser si mesmo), mas apenas de delimitá-la em sua especificidade e, novamente, com relação às tradicionais morais do dever. No mais, pode-se calcular que ela continha, como é comum nos grandes movimentos da história moderna, um pouco do melhor e do pior.

Chego ao segundo traço característico dessa nova ética: sua reivindicação antimeritocrática. Na "moral burguesa" – rubrica sob a qual facilmente se confundiam todas as formas de referência a um dever imperativo –, o dispositivo era sempre o mesmo: havia uma norma geral, transcendendo os indivíduos particulares (por exemplo, no republicanismo francês, os programas escolares), e o esforço moral consistia em se aproximar ao máximo desse ideal, de certa maneira exterior a nós. Mesmo sem rejeitar a noção de autonomia do sujeito, ela era pensada como um objetivo distante, difícil de se conquistar, e não como uma realidade atual. Esforço e mérito se apresentavam inseparáveis um do outro, com o último, no fundo, nada sendo senão o resultado do primeiro. Transcendência da norma, tensão da vontade, ideal de si: eram essas as senhas que definiam, há pouco tempo ainda, as morais do dever – na verdade, para a maioria, a moral, simplesmente.

Assim que se tornou "proibido proibir", assim que toda normatividade passou a ser percebida como repressora, o indivíduo se tornou ele mesmo e para si mesmo sua própria norma. Mais uma vez, a reivindicação da autenticidade difundiu seus direitos: *be yourself*, era sua voz de comando, com o que lhe restava de tom imperativo! E novamente o direito à diferença veio se associar: com cada um precisando agora se tornar o que ele é e com o "ser si mesmo" recebendo o selo de uma nova legitimidade, não se poderia *a priori* prejulgar diferenças que o processo faria surgirem no final. O essencial era acabar com a transcendência das normas, ter acesso enfim à justa compreensão deste fato indubitável: a única transcendência a subsistir é aquela de si para si, aquela de um eu ainda inautêntico para um eu autêntico. Ou seja, uma transcendência inteiramente circunscrita na esfera da imanência do ego individual. Por isso, para preencher a distância assim delimitada, a intervenção de técnicas ou de práticas que pudessem abrir uma via de acesso à autenticidade: diversos esportes, a começar pelo *jogging* (fenômeno de massa novo e único em seu gênero, deve-se sublinhar), vieram permitir "estar bem em seu corpo", assim como uma quantidade de terapias inéditas, derivadas da psicanálise ou das sabedorias orientais, permitiram "estar bem de cabeça".

A secularização da ética: o eclipse do sagrado?

A ética da autenticidade, então, concluiu a erradicação daquilo que as primeiras morais leigas ainda conservavam do passado. Apesar de aparentemente livres da referência teológica, elas nem por isso deixaram de manter um elemento de religiosidade: a característica sagrada e intangível do dever, a idéia de uma dependência radical do ser humano com relação a certas normas transcendentes guardavam, mesmo que secularizadas, uma essência teológica.

O primeiro ciclo da laicização teria, então, como principal característica o fato de que, "se emancipando do espírito de religião, ele lhe tomou emprestado uma de suas figuras capitais: a noção de dívida infinita, de dever absoluto."[78] O rigorismo kantiano e o patriotismo republicano são bons exemplos disso: nas duas tradi-

---

[78] *Le crépuscule du devoir, op. cit.*, p. 13.

A divinização do humano: a secularização da ética...

ções, aliás fortemente interligadas, o sacrifício pessoal, a luta contra o egoísmo individual foram valorizados acima de tudo, mesmo enquanto os valores da laicidade, ou do próprio anticlericalismo, eram proclamados com toda força: "Levando o ideal ético a seu máximo de depuração, professando o culto pelas virtudes leigas, magnificando a obrigação do sacrifício da pessoa no altar da família, da pátria ou da história, os modernos menos romperam com a tradição moral da renúncia de si do que reativaram o esquema religioso da imperatividade ilimitada dos deveres; as obrigações superiores voltadas à Deus apenas se transferiram para a esfera humana profana, se metamorfosearam em deveres incondicionais com relação a si mesmo, aos outros, à coletividade. O primeiro ciclo da moral moderna funcionou como uma religião do dever leigo."[79]

A hipótese principal dessa análise é a de que a fase austera, heróica e sacrificial das sociedades democráticas já foi ultrapassada. Entramos, desde aqueles anos 1950, em que se elaborou a ética da autenticidade, em uma segunda época da secularização, na era do "pós-dever": "O 'é preciso' cedeu a vez ao encanto da felicidade, a obrigação categórica à estimulação dos sentidos." Passamos a estar dentro de uma "nova lógica do processo de secularização da moral (...) que não consiste mais em afirmar a ética como esfera independente das religiões reveladas, mas em dissolver socialmente sua forma religiosa: o próprio dever". Conseqüência: "Pela primeira vez, temos uma sociedade que, em vez de exaltar os mandamentos superiores, os eufemiza e descredita, que desvaloriza o ideal de abnegação ao estimular sistematicamente os desejos imediatos, a paixão do ego, a felicidade intimista e materialista (...) Organizando-se essencialmente fora da forma-dever, a ética passou a ocupar, em sua plena radicalidade, a

---

[79] *Ibid.*, p. 14.

LUC FERRY ⊖ O HOMEM-DEUS

época da 'saída da religião' (Marcel Gauchet)."[80] Donde o aumento das exigências autenticitárias, do direito a ser si mesmo, fora de toda imposição de valores externos à própria pessoa. Nas sociedades "pós-moralistas", então, "o selo de qualidade ético ganha terreno, mas a exigência de devotamento desaparece (...), pois a ética eleita não ordena um sacrifício maior, uma entrega plena de si".

Deve-se lamentar isso? Absolutamente, segundo Lipovetsky, que, dessa forma, se junta à intuição fundamental dos primeiros teóricos do liberalismo: por rezas puritanas à abnegação não se tem mais certeza de chegar ao bem comum, mas pela lógica, na verdade não sacrifical, dos interesses bem compreendidos. Lógica indolor, pois não exige qualquer sacrifício de si pelo outro. Não faltam exemplos que venham corroborar o argumento teórico. Veja-se o caso da Perrier. Assim que a célebre empresa distribuidora de água mineral descobriu a existência de algumas garrafas contaminadas por um produto químico indesejável, decidiu de imediato retirar todas elas de circulação. Custo da operação: 200 milhões de francos.[81] Generoso sacrifício? Absolutamente, pois o resultado seria lucrativo em termos de "comunicação": permitiu à empresa conservar, ou até reforçar sua imagem de pureza. Foi, então, por interesse e não por algum heróico respeito pelos valores que o bem comum se realizou. Tomemos ainda o exemplo das mobilizações em favor de países estrangeiros atravessados por guerras, opressão ou fome. O saco de arroz, levado à escola por nossas crianças para ajudar as da Somália, ilustra perfeitamente isso: ele nada lhes custou em tempo nem em

---

[80] *Ibid.*, p. 14.
[81] No início da década de 1990, o grupo Perrier retirou do mercado internacional milhões de litros de sua água mineral, por suspeitas de contaminação de suas fontes, por benzeno. (N.T.)

A divinização do humano: a secularização da ética...

dinheiro. Fornecido pelos pais, para quem isso representa uma despesa ínfima, serve para a boa consciência de todos, sem nada exigir de cada um. Nula em termos de sacrifício de si, a ação nem por isso é "objetivamente" frágil. Pode inclusive se revelar útil e, levada a grande escala, como foi o caso do Téléthon[82] ou de certas formas da ajuda humanitária, diminuir muitos sofrimentos e salvar inúmeras vidas. Seria prova, se fosse necessária, de que o bem pode se realizar sem dor e nem por isso perder suas qualidades fundamentais. É verdade, um pequeno número de militantes se dedica, mas não a massa do grande público. É por interesse, inteligência ou pelo jogo publicitário que o bem se realiza de maneira mais garantida, ali onde a antiga ideologia do dever se mostrava muitas vezes destruidora. Morrer pela pátria, morrer por idéias? Por que não, afinal, viver por elas, de maneira tranqüila, razoável e, no fim de tudo, mais eficaz do que no tempo da abnegação religiosa ou leiga.

Impõe-se a conclusão: o pretenso "retorno da ética" não se confirma se o que entendermos por isso for uma ressurgência das morais do dever. Apesar de algumas tentativas frouxas, os valores caritativos da dedicação ao outro não ocupam senão uma ínfima parte do terreno, em comparação com o império do egoísmo, do consumismo e do bem-estar. Entre a ética da autenticidade, que reduz tudo à conquista da verdade de si para si, e a ética "inteligente", que conta mais com a lógica dos interesses do que com a da boa vontade virtuosa, há perfeita harmonia: elas constituem duas faces de uma mesma realidade. Elas se juntam a ponto de se confundirem, na comum oposição às éticas aristocráticas e meritocráticas, assim como na preocupação de fazer, enfim, valerem as exigências legítimas do individualismo democrático.

---

[82] Programa de cunho social e de arrecadação de fundos para a pesquisa médica, com ampla divulgação popular e estendendo-se por vários países. (N.T.)

LUC FERRY ⊖ O HOMEM-DEUS

Confessemos: a hipótese cardeal segundo a qual os tempos atuais, marcados pela secularização da ética, estariam no "crepúsculo do dever", é forte. Ela relativiza com inteligência o que podia ter de superficial a idéia de um "retorno da ética". Ela inclusive encontra apoios ilustres em uma infinidade de fatos concretos. Gostaria, no entanto, de sugerir uma interpretação diferente, que esboça para o futuro uma perspectiva de evolução que não aquela de um puro e simples "desencantamento", mesmo que em certos aspectos benigno.

Em direção a uma sacralização do humano

Primeiramente quanto ao diagnóstico: mantenho-me convencido de não estarmos vivendo hoje em dia no reino do "pós-dever". Inclusive se poderia dizer, apesar das aparências, que é no universo mais leigo que a noção de dever tem acesso à sua plena verdade. A definição da virtude como ação desinteressada, como ação do indivíduo para sair do seu egoísmo natural, me parece, contrariamente ao que sugere Lipovetsky, mais atestada do que nunca em nossas representações da verdadeira moralidade. Isso não significa, é evidente, que estejamos sempre, ou sequer freqüentemente, no nível do ideal. Aliás, a questão de saber se os tempos que vivemos são mais ou menos "virtuosos" do que determinados períodos do passado é daquelas que, essencialmente, são impossíveis de serem decididas e que só dependem, antes de mais nada, da boa vontade dos que a pretendem decidir. Por outro lado, basta que se pratique um instante de auto-reflexão para reconhecer que a ação da Perrier, o cheque para o Téléthon ou até mesmo o saco de arroz dos alunos não ocasionam qualquer grande admiração moral da nossa parte. Achamos tudo isso, na melhor das hipóteses, engenhoso ou bem-intencionado,

A divinização do humano: a secularização da ética...

nada mais. Na verdade, duvidamos do caráter sacrificial ou desinteressado de tais ações, e essa dúvida continua, para cada um de nós, mesmo que de maneira inconsciente ou irrefletida, valendo como critério moral. Sigamos mais adiante, no mesmo sentido: as personalidades que regularmente são apontadas pelas pesquisas de opinião como as mais queridas no coração dos franceses, no mais das vezes, aparecem ali por motivos que se remetem a uma ética "meritocrática" e sacrificial, pois lhes supomos uma capacidade excepcional de dedicação a alguma causa de interesse comum. Isso vale para a madre Teresa, a irmã Emmanuelle,[83] os Médicos do Mundo[84] ou o padre Pierre.[85] Já posso ouvir daqui a objeção: alguns não são assim tão desinteressados e talvez até demonstrem uma certa atração pelos microfones e câmeras. Mas justamente: para quem só enxerga através de desconfianças desse tipo, injustificadas ou não, aqui isso pouco importa, é ainda o ideal de uma virtude desinteressada que se exprime? São, aliás, essas noções que moldam todo o nosso sistema jurídico. Nosso direito penal, sobretudo, se baseia de uma ponta a outra em idéias de mérito e de responsabilidade. Qual sentido teriam expressões como "circunstâncias atenuantes" ou aquela, agravante, de "premeditação", quando se pressupõe em todo indivíduo (sendo ele "são de espírito") uma capacidade de escolha, um certo poder para escapar das inclinações naturais e respeitar a lei em vez de infringi-la, e quando não se torna o bem e o mal diretamente dependentes dessa capacidade?

---

[83] Religiosa francesa, nascida em 1908. Começou um trabalho social no Egito e fundou a associação Les amis de soeur Emmanuelle. A pedido de seus superiores, voltou à França e publicou alguns livros de grande sucesso. (N.T.)

[84] Derivada (veremos adiante) da Médicos sem Fronteiras. (N.T.)

[85] O *abbé* Pierre foi herói francês da guerra de 1939-1945. Elegeu-se deputado em 1945. Fundou a associação Emmaüs a partir de uma comunidade de trapeiros, construindo abrigos sociais para os sem-teto. (N.T.)

LUC FERRY ⊖ O HOMEM-DEUS

Talvez essas observações sejam aceitas, mas para serem submetidas a uma segunda objeção: as personalidades evocadas foram as exceções que confirmam a regra. Lembram os heróis dos quais realçamos a singularidade notável, e com isso mais facilmente nos eximimos do dever de imitá-los. Na realidade cotidiana, a preocupação com o sacrifício teria francamente cedido lugar àquela com a segurança e a felicidade. Sendo assim, o cheque enviado ao Téléthon não passava de um simples e banal mecanismo desculpabilizador. No campo das idéias, então, e pela voz de alguns personagens idealizados, a virtude meritocrática continuou a se exprimir. Mas a título de sobrevivência, e não na realidade dos fatos. Vejam na Bósnia ou aqui na França, mais simplesmente ainda, o destino dos sem-teto: causam-nos certa tristeza, é claro, mas a distância, e esse sofrimento, por mais sincero que seja, permanece, para a imensa maioria de nós (para quem não vive isso, e ainda assim...), bem suportável.

Talvez, ou mesmo sem dúvida, essas constatações coincidam com uma boa parte da nossa experiência comum (apesar de me parecerem, voltarei a isso, subestimar o significado e a importância do formidável crescimento das organizações de caridade). Elas no entanto não entram no cerne da questão. Pois as condições sociais, tanto quanto o sentido da ação sacrificial, mudaram de maneira radical com o advento do individualismo leigo. O sacrifício pessoal, e nisso está o essencial, hoje em dia não vem mais como imposição externa, mas é livremente aceito e vivenciado como uma necessidade *interior*. É a conseqüência, cada vez mais visível, da autonomização dos indivíduos. Está fora de questão morrer pela pátria com uma flor no fuzil e o sorriso nos lábios (se é que isso jamais existiu – mas, em todo caso, o patriotismo, ninguém há de negar, já foi uma realidade). O cheque enviado ao Téléthon, é verdade, nada punha em risco. Mas pensemos, junto a isso, o seguinte, e que é o outro lado a ser

A divinização do humano: a secularização da ética...

levado em consideração: ninguém o exigia, senão o próprio doador. O que dizer então das pessoas que, por questões que se podem, se for o caso, ridicularizar ou colocar sob suspeitas, dedicam uma parte do seu tempo, dos seus momentos livres, às vezes, para algumas, de toda a vida, a uma qualquer ação de caridade, apesar de não haver qualquer pressão vindo obrigá-las, exceto a de uma exigência interior?

Qualquer que seja a maneira como analisemos, devemos reconhecer que a dedicação não é mais conseqüência obrigatória de antigas tradições. Não depende de qualquer sentimento comunitário irreprimível, mas, talvez, pela primeira vez na história da humanidade, ela precisa buscar sua fonte exclusivamente no próprio homem. Em outros termos, vivemos a passagem de uma lógica que era a do heterossacrifício para a de uma lógica do auto-sacrifício. Nessas condições, não espanta a constatação de ela ter adquirido formas mais suaves do que as anteriores! Por trás do aparente "crepúsculo do dever", este, o dever, na realidade só acede a seu conceito, a sua verdade no momento em que afinal termina o reino da heteronomia.

A humanização do sacrifício

A modernidade não é uma resultante da transcendência, mas uma adaptação desta às condições do seu acordo com o princípio da recusa do argumento de autoridade: a preocupação com a Alteridade, que se afirma de maneira tão forte na filosofia contemporânea, tende, dessa maneira, a tomar a forma de uma "religião do Outro". Essa sacralização do humano como tal supõe a passagem daquilo que se poderia chamar uma "transcendência vertical" (entidades exteriores e superiores aos indivíduos, situadas, por assim dizer, aquém, em direção às suas fontes) para uma "transcendência horizontal" (aquela dos outros homens com relação a mim).

Seria preciso, para demonstrar tal deslocamento, escrever uma história do sacrifício: por quais motivos e por quais entidades os seres humanos fizeram, no decorrer dos tempos, dom das suas vidas ou, pelo menos, de um de seus aspectos? Pois o sacrifício voluntariamente consentido, qualquer que seja o conteúdo que lhe emprestemos e qualquer que seja a sua dimensão, implica sempre, pelo menos para quem acredita perceber a sua urgência, o reconhecimento de um sentido superior à própria existência. Ele admite, explicitamente ou não, que um além possui maior valor do que o aqui terrestre. Os grandes momentos de uma história como essa poderiam ser, por exemplo (mas são exemplos escolhidos não totalmente por acaso...): a glória de Deus, a Nação, a Revolução, segundo uma ordem que vai do mais ao menos vertical, do divino ao humano... Para os românticos, o "Povo" começou a ocupar o lugar anteriormente reservado a Deus: ele constituía uma entidade superior à simples soma dos indivíduos que o compunham. Nem por isso deixou de representar uma certa humanização do divino. Mesma coisa com relação à Revolução, ela própria também superior aos indivíduos que morriam por ela, que no entanto já se inscrevia na ordem terrestre.

Hoje em dia, o dom de si para a Pátria ou para a Causa revolucionária não faz mais tanto sucesso. Teria o sacrifício desaparecido do nosso horizonte ético? Eu já sugeri que não. A verdade é, pelo contrário, que ele profundamente mudou sua natureza: nossos concidadãos não estão mais tão resolvidos a se sacrificar pelos valores "verticais", que se impunham a eles de cima para baixo, como forças exteriores, mas parecem às vezes dispostos a fazê-lo por outros seres, *se eles forem todavia humanos.*

Sei o quanto uma afirmação assim pode parecer arbitrária. A noção de "sacrifício" é uma fonte infinita de mal-entendidos. Ela tem incômodas conotações teológicas e facilmente se confunde com

A divinização do humano: a secularização da ética...

certas mortificações que pareciam agradar à maioria das religiões antigas. É preciso sublinhar que não é nessa acepção tradicional que eu entendo aqui esse termo? Viso, sobretudo, à exigência tantas vezes exposta de uma preocupação com o outro, mesmo que apenas em palavras, como um indispensável contrapeso à exclusiva preocupação consigo. Nossas sociedades não estariam marcadas pelo hedonismo, pelo egoísmo e pela covardia, mais do que pelo sentido do sacrifício? Não toleram, em seu interior, milhões de excluídos e, às suas portas até, guerras e massacres dos mais iníquos? Não se mantêm insensíveis diante do espetáculo de um "sofrimento a distância" que as miríades de imagens televisivas têm como função mais exorcizar do que abrandar? E a escassa dedicação que nelas ainda se encontra, quando não se aplica a finalidades midiáticas, não se limita, o mais freqüentemente, à esfera privada, ao círculo particular dos próximos de cada um, mais do que ao do "próximo" em geral e conformando-se, com isso, ao "individualismo"?

Sem abordar ainda a discussão que tais legítimas questões suscitam, faço a observação de que o dom de si, mesmo que limitado aos próprios filhos, permanece altamente enigmático. O que não deixa de ser exato é que ele se limita hoje em dia à exclusiva esfera dos familiares e amigos: a ação humanitária, por mais frágil e contestável que ainda seja, é reveladora de uma aspiração nova, que não se confunde com as formas tradicionais da caridade. Para além das críticas que lhe possamos fazer *no plano político*, ela traduz a exigência de uma solidariedade com a humanidade inteira, uma solidariedade, então, *que não está mais ligada às antigas vinculações comunitárias*, sejam elas religiosas, étnicas, nacionais ou familiares. Que essa aspiração permaneça ainda embrionária na prática, não resta dúvida. Que ela às vezes possa fornecer álibis para a inação política, é bem possível. Mas ela nem por isso deixa de esboçar um ideal que traduz a passagem de uma transcendência vertical a uma transcendência horizontal: aquela, segundo a qual, é o ser humano como tal que constitui um chamado imediato à minha responsabilidade. É sobre essa base, especificamente moderna naquilo que ela visa ao Outro em geral, e não somente aquele com quem mantenho algum laço privilegiado, preestabelecido pela tradição, que se reformula a problemática do dom de si.

Em mais alto grau do que o fim dos valores sacrificiais, estamos vivendo, em sentido próprio, a sua humanização: a passagem de um pensamento religioso do sacrifício para a idéia de que ele só pode ser exigido *para e pelo homem propriamente*. É essa nova distribuição do jogo que comanda, na ordem da ética, a aparição de preocupações inéditas. A célebre frase de Malraux sobre "a possibilidade de um acontecimento espiritual em escala planetária", que viria marcar o século XXI, não deixa de suscitar nossa interrogação. Sem dúvida porque o longo processo pelo qual o divino se retira do nosso universo social e político se revela ligado a uma divinização do homem, que nos leva a novas formas de espiritualidade. O termo não está aqui empregado de maneira frouxa e descontrolada, mesmo que permaneça, em certo sentido, analógico: pois ali onde se encontra sacrifício também se encontra a idéia de valores superiores. E o fato de eles serem percebidos, atualmente, como inseridos no coração da humanidade, e não em qualquer transcendência vertical, nada muda nesse caso. Ou, na verdade, sim: muda a relação do homem com o sagrado, sem implicar absolutamente seu desaparecimento por completo, até e inclusive na ordem do coletivo. A nova transcendência não suscita menor respeito do que a antiga, mesmo que de outra maneira: ela permanece como apelo a uma ordem de significação que, mesmo se enraizando no ser humano, não deixa, nem por isso, de se referir a uma exterioridade radical. Situado antigamente em

A divinização do humano: a secularização da ética...

um ponto anterior à ética, a qual ele pretendia fundar de uma ponta a outra, o sagrado se deslocou para um ponto posterior. E é nessa passagem do anterior para o posterior, do teológico-ético para o ético-religioso, que ainda repousa o segredo das morais futuras.

É nesse sentido, eu penso, que a ética da autenticidade de forma alguma é a última palavra da moral contemporânea. Depois de um período de contestação, durante os anos 1960, em que acreditou revolucionar os quadros da moral burguesa, ela hoje em dia se limita a lhe aplicar um corretivo, defendendo, às vezes inclusive justificadamente, uma maior consideração pelo indivíduo. A vontade de se realizar uma perfeita imanência para si é um fracasso. Por uma razão de fundo, que devemos agora tentar melhor delimitar: a exigência de autonomia, tão cara à humanidade moderna, não suprime a noção de sacrifício nem a de transcendência. Ela simplesmente, e é o que é preciso compreender, implica uma *humanização da transcendência e, por isso mesmo, não a erradicação, mas antes um deslocamento das figuras tradicionais do sagrado.* O amor, antigamente reservado à divindade (ou às entidades superiores aos homens, como a Pátria ou a Revolução), se humanizou e, pelas mesmas razões, as ideologias sacrificiais também. Sem desaparecer, elas se transformaram e, sobretudo, trocaram de objeto. Se aceitarmos ver no sacrifício uma das dimensões do sagrado, como a própria etimologia nos propõe, devemos completar a história da religião e da ética com aquela das representações e dos sentimentos. Um fio condutor desse tipo nos permitiria entender como as aventuras do sagrado são percebidas pelos sujeitos que são, no final, seus únicos verdadeiros heróis e como, por isso mesmo, a questão do sentido da vida vem sendo pouco a pouco reorganizada no espaço do humanismo moderno.

LUC FERRY ⊖ O HOMEM-DEUS

O nascimento da vida sentimental

No decorrer dos últimos anos, os historiadores das mentalidades construíram uma hipótese cujo alcance é considerável. Tudo indica, com efeito, que durante séculos, e pelo menos[86] durante os três que precederam o período das Luzes e o nascimento do universo democrático (séculos XV-XVIII), o princípio fundador da família praticamente não teve ligação alguma com o que chamamos comumente de "amor". Desde os trabalhos de Ariès,[87] esses pesquisadores nos levaram a relativizar nossa tendência a ver como "natural"[88] o historicamente acontecido. Hoje em dia sabemos que, pelo menos na Europa e durante a Idade Média tardia,[89] a morte de um cônjuge ou de um

---

[86] O modelo do amor apaixonado, mais tarde readaptado pelos românticos, teve, no entanto, sua origem na virada do século XI para o XII, com a elaboração do amor cortês. Desde então, a poesia européia não cessou de buscar inspiração nas mesmas fontes que os trovadores. Cf. Denis de Rougemont, *L'amour et l'Occident* (Plon), cujas teses, mesmo que às vezes muito contestadas, não deixam de ser estimulantes.

[87] Philippe Ariès, *L'enfant et la vie familiale sous l'Ancien Régime*, Plon, 1960, edição revista e completada pelas edições Seuil, em 1973. Para uma visão de conjunto dos diversos trabalhos dedicados à questão nos últimos 30 anos na Europa e nos Estados Unidos, deve-se ler a excelente obra, clara e sintética, de François Lebrun, *La vie conjugale sous l'Ancien Régime*, Armand Colin, 1993.

[88] Aí temos, é claro, um argumento central para um certo feminismo, bem representado na França pelos trabalhos de Elisabeth Badinter. Os defensores da idéia de uma natureza humana eterna não deixaram de exprimir suas reticências a respeito dessas pesquisas. Cf., por exemplo, James Q. Wilson, *Le sens moral*, Commentaire/Plon, 1993. Como se verá mais adiante, um certo número de fatos históricos são entretanto de difícil compreensão fora do quadro de uma história das mentalidades, quaisquer que sejam as dificuldades epistemológicas.

[89] O leitor deve manter no espírito essa dupla limitação, geográfica e histórica. Fora desse enquadramento bem preciso, as observações a seguir perderiam sua credibilidade. Inclusive chegariam ao absurdo se erradamente as utilizássemos para dar uma impressão de que "o amor só aparece no século XVIII"! Por outro lado, é interessante compreender por que ele esteve tão ausente, naquela Idade Média tardia européia, das relações *familiares* e, em particular, do casamento.

A divinização do humano: a secularização da ética...

filho nem sempre foi vista como uma catástrofe, longe disso. De maneira geral, o sentimento não era o principal fundamento da família tradicional, e foi preciso esperar que a subjetividade moderna se formasse, que a noção de indivíduo livre se tornasse uma realidade sociológica concreta, para que a afinidade eletiva com o outro, e não mais a tradição imposta, constituísse um novo modo de organização familiar. Foi somente sobre esse fundo individualista que se começou a vivenciar o luto de um marido ou de uma esposa, de um filho ou de uma filha como uma "pena do coração", permitindo buscar em si o necessário para eventuais sacrifícios.[90]

Dessa mutação decisiva, os trabalhos da nova história, os de Ariès em particular, nos deram uma visão ao mostrar que, na idade clássica, a morte era ainda 1) anunciada – e não dissimulada, por mentiras, de quem morria,[91] 2) pública – e não reservada, como um segredo ou uma indiscrição, à exclusiva esfera privada, 3) familiar e quase "domesticada", enquanto nós a achamos anormal e angustiante, como se ocorresse sempre por acidente, quando não de um insucesso provisório da medicina...[92] Distância impressionante, então,

---

[90] Ver, por exemplo, Edward Shorter, *La naissance de la famille moderne*, trad. francesa da Seuil, 1977.

[91] Cf. Philippe Ariès, *Essais sur l'histoire de la mort en Occident du Moyen Âge à nos jours*, Seuil, 1975, p. 62: "A primeira motivação da mentira foi o desejo de poupar o doente, de assumir sua provação. Mas bem rapidamente esse sentimento, cuja origem conhecemos (a intolerância com relação à morte do outro e a nova confiança do moribundo nas pessoas a seu redor), foi encoberto por um sentimento diferente, característico da modernidade: evitar não mais a quem morre, mas à sociedade, às próprias pessoas a seu redor, a perturbação e a emoção fortes demais, insuportáveis, causadas pela feiúra da agonia e pela simples presença da morte em plena vida feliz, pois passava-se, a partir de então, a admitir que a vida é sempre feliz ou deve sempre parecê-lo."

[92] *Ibid.*, p. 73. O melhor que podemos fazer é reproduzir aqui a maneira como Ariès resumiu suas próprias pesquisas sobre a atitude diante da morte que prevaleceu durante séculos, na Idade Média: "Primeiramente, encontramos um sentimento

LUC FERRY ⊖ O HOMEM-DEUS

entre aquela morte que, tanto para os ricos quanto para os pobres, transcorria em geral na presença dos parentes, dos vizinhos ou até de simples transeuntes, e essa morte moderna, cada vez mais afastada das famílias, para afinal ocorrer na solidão do hospital.

Consideremos por um instante essa indiferença relativa com relação ao passamento. Mais do que os consolos obtidos com a religião ou com os familiares, o que parecia suscitar a placidez dos nossos ancestrais era a implícita recusa da noção moderna de individualidade concebida como átomo, mônada separada de sua ascendência e de sua descendência por um corte *absoluto*. Durante muito tempo, à pergunta: "Quem és tu?" podia-se responder em termos de linhagens: "sou filho ou filha de...". Tal atitude convinha em tempos em que a idéia de indivíduo, livre em suas escolhas e solitário em sua intimidade, era, por assim dizer, desconhecida. As pessoas se definiam como membro de uma linhagem indivisível. Se porventura houvesse alguma individualidade, ela residia mais naquela linhagem propriamente do que nesse ou naquele ser humano em particular. O nascimento de um sujeito dono de si, autodefinindo-se por seus engajamentos e escolhas, implicou, pelo contrário, que ele cessasse de se considerar em primeiro lugar como elemento solidário de uma

---

muito antigo, duradouro e maciço de familiaridade com a morte, sem medo nem desespero, a meio caminho entre a resignação passiva e a confiança mística. Pela morte, mais ainda do que por outros períodos fortes da existência, o Destino se revela e o moribundo então o aceita, em uma cerimônia pública cujo ritual foi fixado pelo costume. A cerimônia da morte é então pelo menos tão importante quanto a dos funerais e a do luto. Para cada um, a morte é o reconhecimento do destino, em que sua personalidade não é aniquilada, certamente, mas adormecida – *resquies*... Essa crença não opõe tanto quanto pensamos hoje o tempo anterior e o tempo posterior, a vida e a sobrevida. Nos contos populares, os mortos têm tanta presença quanto os vivos e os vivos têm tão pouca personalidade quanto os mortos... Essa atitude diante da morte exprimia o abandono ao Destino e a indiferença às formas muito particulares e diversas da individualidade."

A divinização do humano: a secularização da ética...

totalidade orgânica.[93] A partir disso, a morte precisou mudar de sentido e a indiferença deu lugar à angústia:[94] tomou o aspecto aterrorizante de um aniquilamento completo e deixando de ser, por assim dizer, apenas uma peripécia *da vida mesma.*

Hegel e, antes dele, os românticos ainda afirmavam, quando pensavam a relação da espécie genérica com os particulares vivos que a compõem: é preciso que estes se reproduzam e morram, para que a vida universal daquela se perpetue. É no campo desse pensamento "holístico" que hoje continuamos a perceber a morte dos animais: só lhe damos importância na medida do seu grau de individualização. Se o animal for doméstico, já humanizado pela afeição familiar, a dor pode ser grande. Se ele for selvagem e não estando a sua espécie em perigo, vemos seu desaparecimento como um fenômeno natural, sem causar qualquer comoção particular. Essa observação, é claro, tem apenas um valor metafórico. Não se quer sugerir que o homem da idade clássica considerava seus semelhantes como nós consideramos os animais. Entretanto, a falta de individuação, dado

---

[93] Shorter formula excelentemente o sentido dessa mutação: "Nos 'bons' velhos tempos, as pessoas aprendiam sua própria identidade e o lugar que lhes cabia na ordem eterna das coisas considerando a sucessão das gerações que as haviam precedido – uma sucessão que prosseguia a partir delas mesmas em direção a um futuro do qual se podia apenas prever que tinha fortes chances de ser semelhante ao passado. Se os membros das sociedades tradicionais eram capazes de se mostrar tão plácidos diante da morte é porque, em última análise, tinham a certeza de seu nome e sua memória se perpetuarem por intermédio das famílias da sua linhagem. Hoje em dia (...) deixamos de nos interessar pela linhagem como meio de negociação com a morte e deixamos, ao mesmo tempo, os vínculos que ligavam uma geração à outra" (*op. cit.*, p. 16).

[94] Cf. Philippe Ariès, *op. cit.*, p. 74: Desde as primeiras aparições do individualismo moderno, já em plena Idade Média, "a morte deixou de ser um abandono de si vigoroso, mas sem consciência, de ser aceitação de um destino formidável, mas sem discernimento. Ela se tornou o lugar em que as particularidades próprias de cada vida aparecem na plena luz da consciência clara, quando tudo é pesado, contado, escrito, quando tudo pode ser mudado, perdido ou salvo".

LUC FERRY ⊖ O HOMEM-DEUS

o peso da linhagem e da comunidade, explica o fato de estes últimos terem representado, *mutatis mutandis*, um papel análogo àquele da espécie na dialética do ser vivo descrita por Hegel: assim como a vida universal é superior aos seres particulares que por ela morrem, a linhagem, as tradições, o peso da comunidade eram infinitamente mais importantes do que o indivíduo. Tanto e tão bem este último sabia disso que, se percebendo como parte de uma entidade superior a si mesmo, ele podia relativizar seu próprio fim. O comunitarismo tradicional, dessa maneira, reforçava a fé, trazendo a convicção de que a morte era uma transição, uma simples mudança de estado. O indivíduo autônomo, cortado daquilo que o precede como daquilo que o segue, não pôde mais se dar esse luxo: absoluto por e para si mesmo, a morte lhe parece um vazio absoluto, e suas crenças religiosas, se ele porventura ainda as possuir, não se sustentam mais nas antigas solidariedades. Por isso as rupturas decisivas que Edward Shorter, traçando a síntese das aquisições indiscutíveis dessa nova história, observou entre a família moderna, que progressivamente se estabeleceu a partir do século XVIII, e a família européia tradicional: elas incidem sobre a natureza do casamento, o nascimento da vida privada e o início do amor parental. Elas estão todas associadas à intrusão do "sentimento" nas relações familiares, assim como à emancipação dos indivíduos diante da influência das tradições comunitárias e religiosas de antigamente. A ligação desses dois fenômenos maiores fortemente contribuiu para o deslocamento da idéia do sagrado em direção a novos objetos, menos externos aos homens. Foi o que os levou também, pelos mesmos motivos, a uma humanização dos motivos do sacrifício.

A divinização do humano: a secularização da ética...

O casamento por amor, o nascimento da vida privada e o advento da afeição parental

Ao contrário da idéia muitas vezes aventada pelos pensadores tradicionalistas, a família não desapareceu com o Antigo Regime: ela, inclusive, foi uma das raras instituições que de tal modo sobreviveu à Revolução, que se mantém ainda hoje mais viva e provavelmente, apesar do alto número de divórcios, mais estável do que nunca. Essa permanência não deve no entanto dissimular a profundidade das mudanças ou mesmo das reviravoltas ocorridas desde o século XVIII. A mais importante de todas, sem dúvida, reside na passagem do casamento "de razão", com finalidade econômica e, em geral, organizado pelos pais ou, por intermédio deles, pela comunidade urbana a que pertenciam, a um casamento por amor, livremente escolhido pelos próprios cônjuges. Eis como um dos melhores historiadores franceses, François Lebrun, descreveu essa evolução: "Em comparação com os dias de hoje, as funções da família conjugal de antigamente eram essencialmente econômicas: unidade de consumo e unidade de produção, ela devia ainda assegurar a conservação e a transmissão de um patrimônio. O casal se formava sobre essas bases econômicas pela escolha e vontade dos pais ou, às vezes, dos próprios interessados, mas sem que os seus sentimentos contassem muito... Nessas condições, a família muito secundariamente pôde ter funções afetivas e educativas. O bom casamento era o casamento de razão, não o casamento por amor; é claro, o amor podia surgir posteriormente, a partir da vida em comum, mas um amor cheio de reservas, em nada parecido com o amor apaixonado, deixado para as relações extraconjugais."

Para nós que somos herdeiros dos românticos, o princípio da união sentimental nos parece quase uma regra. A maneira como nós

LUC FERRY ⊖ O HOMEM-DEUS

representamos o casal perdeu quase todo o significado que ainda tinha na idade clássica: assegurar a perenidade da linhagem e da propriedade familiar responsabilizando-se, o casal, pelas necessidades da produção e da reprodução. Se tão facilmente ridicularizamos a própria idéia de um "casamento por dinheiro", é bem evidentemente porque esquecemos até quais eram os objetivos daquele tipo de associação. Lembremos que, em virtude de um édito de fevereiro de 1556 contra os "casamentos clandestinos", os filhos que casassem sem o consentimento dos pais eram deserdados e declarados foras-da-lei. Em 1579, uma ordenação de Blois[95] considerava raptor e punia com a morte "sem esperança de graça nem perdão" quem casasse "menores" de 25 anos de idade sem o consentimento dos pais![96] A idéia de que se pudesse condenar à morte, como foi o caso na França do século XVI, quem casasse, sem a permissão dos pais, menores de 25 anos nos parece tão arcaica, que deixamos de lado o fato de que havia sólidas razões para isso, do ponto de vista dos homens e mulheres da época.

Sem dúvida a evidência mais difundida nos tempos atuais, talvez até a única a gozar de uma unanimidade, é esta: a vida comum é caso de sentimento e de escolha, remetendo-se a decisões individuais *privadas*, quer dizer, retiradas, tanto quanto possível, da esfera de ação da sociedade global. Inclusive em nome dessa visão "sentimental" das relações humanas, o casamento, mesmo que por amor, às vezes é questionado: estaria ainda privilegiando demais as tradições, como concessão inútil à comunidade e que os sentimentos autênticos poderiam perfeitamente dispensar.

---

[95] A cidade foi residência real durante o século XVI e reuniu, em 1576 e 1588, as assembléias gerais (*états généraux*) do reino. (N.T.)

[96] Cf. Flandrin, *Familles. Parenté, maison, sexualité dans l'ancienne société*, Seuil, 1976, p. 130.

A divinização do humano: a secularização da ética...

Donde a segunda ruptura, que todos os historiadores da família concordam em salientar: no tempo antigo, a intimidade não existia, nem na gente do povo e nem nas elites. Na cidade como no campo, a imensa maioria das pessoas vivia em um só aposento,[97] coisa que excluía, *de facto*, a possibilidade de qualquer forma de *privacy*. Mas o que nos leva a pensar que a intimidade não era ainda um objeto de desejo[98] é que ela também não existia na burguesia e nem na aristocracia, que, no entanto, tinham meios econômicos para isso. Ariès mostrou, com suas análises da arquitetura das grandes residências da nobreza ou da alta burguesia, como os cômodos, no entanto numerosos, não tinham qualquer função particularmente voltada para tal, e em geral se comunicavam uns com os outros, em uma promiscuidade que nos parece hoje insuportável. Foi preciso esperar o século XVIII para que surgissem corredores com a finalidade de assegurar a autonomia e o isolamento das diferentes peças.

Outra faceta desse não-reconhecimento da esfera privada era a liberdade com que a comunidade intervinha na vida familiar, de maneira que nos parece inconcebível. Uma demonstração disso, entre tantos outros sinais, era a prática do "charivari", cujo estudo pareceu crucial para os historiadores da família. É significativo que essa estranha e barulhenta cerimônia, com que a comunidade exprimia sua condenação com relação a um casal desviado da norma, visasse sobretudo aos maridos traídos ou espancados: por sua fra-

---

[97] *Ibid.*, p. 95.

[98] Cf. Shorter, *op. cit.*, p. 69: "O ambiente físico da família tradicional desestimulava qualquer aspiração à intimidade. Muitos semblantes curiosos fixavam seus olhares sobre a vida íntima; muitos estranhos entravam e saíam constantemente da casa. A vigilância informal exercida pela comunidade era onipresente graças ao agenciamento do espaço, e as restrições formais que as autoridades impunham sobre o sentimento e a atração pessoal eram fortes demais para permitir se formarem laços afetivos estreitos."

queza e incapacidade em manter a autoridade de chefe da família, eles punham a comunidade em perigo. Esta devia então repor as coisas em ordem, nessa área que podemos imaginar que não era ainda considerada estritamente privada. Algumas regiões associavam o charivari à *"azouade"*, em que o infeliz marido era carregado por todo o vilarejo sentado de costas em um asno. Jean-Louis Flandrin chamou a atenção, como sintomático do peso exorbitante da comunidade nos negócios de família, o fato de na falta do marido (que podia ter fugido a tempo) ser o mais próximo vizinho que era então colocado sobre o asno, e isso para lembrá-lo do dever de vigilância, ou seja, de sua responsabilidade indireta na má conduta de seus concidadãos!

A terceira ruptura, que constitui a chegada do amor parental, não deixa de ter, com toda evidência, ligações com as duas anteriores: o casamento por amor, escolhido pelos indivíduos e não mais imposto pela tradição, não seria uma das condições mais garantidas do afeto por suas crianças? Sem dúvida é injusto ou excessivo pretender que o "instinto" ou o amor materno não existissem. Sem dúvida sempre houve um mínimo de apego dos pais por sua prole, nem que fosse sob a forma natural e biológica que se observa entre a maior parte das espécies animais. Mas resulta que uma das conclusões mais espantosas dos estudos históricos recentes é que o amor dos pais estava longe de ser uma prioridade, como se tornou para a maioria dos casais de hoje. Realmente muito longe, como comprova esta anedota bem simples e conhecida, mas extremamente significativa de uma mentalidade que evoluiria de forma muito lenta entre os séculos XVI e XVIII: Montaigne, o grande humanista, confessou não se lembrar do número exato dos seus filhos mortos ainda com a ama-de-leite! É algo que mostra bem o abismo que nos separa do Renascimento. Ainda mais porque essa ignorância, temos certeza, não vinha de qualquer secura

A divinização do humano: a secularização da ética...

própria do coração do filósofo. A atitude vale mais como sintoma de um comportamento dominante na época, com relação a esses seres "em potencial" que as crianças ainda eram.[99]

Em uma perspectiva análoga, podemos notar que a noção de "deveres" dos pais com relação à prole só parece se impor ao conjunto da sociedade a partir do século XVIII (de forma muito variada, segundo as camadas sociais). No essencial, a relação era inversa àquela da idade clássica. Como mostrou Jean-Louis Flandrin, "estimava-se ainda, no século XVII, que a criança devia tudo a seu pai, pois lhe devia a vida. 'Se os dois se encontrassem na mesma situação de necessidade, um filho devia socorrer antes o pai do que o seu próprio filho – achava Fernandès de Moure –, uma vez que ele tinha recebido dos seus pais dádivas maiores do que dos seus filhos.' Que um pai se sacrificasse por seus filhos era um dos paradoxos do cristianismo, e o sacrifício de Cristo tinha, ainda no século XVII, essa singularidade paradoxal: 'Os pais dão a vida a seus filhos e isso sem dúvida é uma grande dádiva – dizia o padre Cheminais na segunda metade do século –, mas nunca se viu pai que tenha conservado a vida de seus filhos por seu próprio sangue e que tenha morrido para que eles vivessem, como nosso pai celeste".'[100]

"Nunca se viu pai...": sem dúvida a afirmação tinha como finalidade destacar a forma excepcional e admirável do sacrifício aceito

---

[99] Deve-se notar que esse "em potencial" muda de sentido segundo a dimensão do tempo valorizada pela sociedade, seja aquela do passado (sociedades tradicionais) ou do futuro (sociedades modernas): para nós, herdeiros de Rousseau, que atribuímos ao ser humano um ideal de "perfectibilidade", a criança reúne esperanças e promessas; para os Antigos, ela era sobretudo inacabada, ou seja, imperfeita, e como sua vocação, quanto ao essencial, era a de repetir modelos já existentes, a expectativa que se investia nela não podia deixar de ser muito limitada.

[100] Jean-Louis Flandrin, *Familles...*, *op. cit.*, p. 135.

LUC FERRY ⊖ O HOMEM-DEUS

por Cristo. Mas, para que fosse utilizado, o argumento precisava contar com a receptibilidade de quem o ouvia. A constatação é corroborada pelo estudo dos catecismos e manuais de confissão surgidos entre os séculos XIV e XVIII: até a metade do século XVI, todos evocavam longamente os deveres das crianças com relação aos pais, quase nunca o inverso, e apenas de maneira muito progressiva, timidamente, esta última idéia se introduziu, a partir do final do século XVI, até florescer no século XVIII. Singular contraste, cuja origem Flandrin explica da seguinte maneira: "Nas elites sociais daquele tempo, muitos chefes de família estavam voltados para a ascensão de sua casa, e uma família muito numerosa podia arruinar essa ambição (...) Nessas famílias, quem sustentasse as esperanças de ascensão social do pai se tornava seu preferido. Mas quando, pelo contrário, uma dúzia mais de crianças impedia o pai de engordar sua fortuna e roubava do herdeiro uma parte do patrimônio, pondo dessa maneira em perigo a ascensão da família, é compreensível que ele as visse com maus olhos. De maneira geral, a incapacidade para o controle dos nascimentos multiplicava os filhos indesejados. E a esperança de se livrar de alguns pela morte podia se insinuar com certa facilidade nos espíritos, uma vez que a mortalidade infantil era, como se sabe, considerável, sobretudo entre as crianças da cidade deixadas com amas-de-leite no campo. Aliás, seria sem alguma má intenção que, em muitas famílias burguesas, a mãe amamentava o herdeiro e entregava a amas-de-leite os caçulas?"[101]

Essa terrível suspeita parece ainda mais se justificar uma vez que a contratação de uma ama-de-leite – e estima-se que algo entre um quinto e um sexto dos recém-nascidos, no século XVIII,[102] fossem

---

[101] *Ibid.*, p. 149.

[102] Cf. Shorter, *op. cit.*, p. 219. Essa prática, contrariamente ao que se pode pensar, não ocorria apenas entre as famílias mais pobres. Shorter cita o exemplo "típico" de

A divinização do humano: a secularização da ética...

assim tratados, para não falar do infanticídio puro e simples – se aproximava muitas vezes de uma condenação à morte. E os pais, ao que parece, não o ignoravam completamente.[103] Os números, aliás, são bem eloqüentes: na última metade do século XVIII, entre 62% e 75% das crianças deixadas com amas-de-leite morriam antes de completar um ano de idade! Essas "pequenas mortes" não pareciam perturbar nem os pais, nem a sociedade, nem as amas-de-leite mercenárias: Flandrin cita o caso preciso de uma em especial que, em 20 anos de carreira, teve a seu encargo 12 dependentes e não devolveu um único com vida, sem que o fato chocasse quem quer que fosse! Sabe-se também o quanto era comum a prática nefasta de se embrulhar excessivamente a criança. Isso constituía não só um verdadeiro suplício para os bebês, mas ainda punha sua saúde e vida em perigo. Quanto ao abandono, mesmo um autor como o historiador americano John Boswell, tão preocupado com a revalorização dos tempos antigos, estima, apoiando-se nas pesquisas mais recentes, que isso, já no século XVIII, devia chegar a cerca de 30% dos nascimentos regis-

---

um mestre tecelão que, à pergunta de um amigo a respeito de uma cunhada que, comentava-se, havia abandonado seu segundo filho mesmo tendo com que viver abastadamente e passando por ser uma "boa pessoa", respondeu: "É de fato uma boa e digna mulher, mas a criança a atrapalhava em seus afazeres e, aliás, ela já havia exposto (abandonado) a primeira" (p. 217). Além disso, vejam como Shorter, concordando não apenas com outros historiadores, mas também com os testemunhos mais esclarecidos da época, descreveu as amas-de-leite profissionais: "Eram, em regra geral, incrivelmente indiferentes aos recém-nascidos dos quais aceitavam cuidar. As crianças para elas eram mercadorias, assim como, mais ou menos, o cacau para um operador da bolsa" (p. 230). Em seguida, ele enumerou os maus-tratos que tantas vezes levavam à morte.

[103] François Lebrun cita, apesar disso, o caso célebre de Rousseau, que se dizia convencido de seus filhos, deixados a amas-de-leite, terem tido uma educação mais feliz do que a sua própria. É provável, no entanto, apesar de a taxa de mortalidade não ser detalhada como atualmente, que os pais soubessem, desde então, que deixar uma criança com amas-de-leite era coisa bastante perigosa para a sua vida.

LUC FERRY ⊖ O HOMEM-DEUS

trados![104] Destino funesto, pois, em Paris, onde dispomos de dados numéricos confiáveis, das crianças encaminhadas ao Hospital, no máximo uma em cada 10 alcançava a idade de 10 anos, tão grande era a mortalidade causada pelas doenças, mas também pela indiferença e maus-tratos.[105] François Lebrun cita como inteiramente autêntica e conforme à realidade essa descrição de época das condições em que os menores abandonados no interior eram encaminhados ao grande hospital parisiense: "É um homem que carrega em suas costas as crianças recém-nascidas, dentro de uma caixa acolchoada em que podem caber três. Elas são colocadas de pé com suas roupas, respirando o ar pelo alto. O homem só pára para as suas próprias refeições e para fazê-las mamar um pouco de leite. Quando ele abre a caixa, encontra muitas vezes uma delas morta, e termina a viagem com as duas outras, impaciente para se livrar de sua carga. Depois de deixá-las no hospital, ele imediatamente parte de volta, para retomar o mesmo emprego, que é o seu ganha-pão." Uma última indicação numérica, que não vai mais espantar, após o que foi dito: estima-se que nove décimos das crianças morriam, fosse diretamente, no decorrer do trajeto, fosse, pelo menos, nos três meses seguintes à entrada no hospital, sem que a sociedade nem a consciência comum se chocassem minimamente!

Como o amor e o afeto vieram tomar o lugar desses vínculos tradicionais e da indiferença? Por quais razões de fundo semelhante revolução das mentalidades se tornou regra? Mesmo diversas, as

---

[104] Cf. *Au bon coeur des inconnus. Les enfants abandonnés de l'Antiquité à la Renaissance*, Gallimard, 1993 (para a tradução francesa; 1988 para a edição original). Por sua vez, Shorter apresenta, já para a metade do século XIX, o número de 33 mil crianças anualmente abandonadas na França, das quais pelo menos 5 mil abandonadas por seus pais legítimos, cf. *La naissance de la famille moderne, op. cit.*, p. 216.

[105] Ver números apontados por Lebrun em sua obra, p. 158 sq.

A divinização do humano: a secularização da ética...

interpretações convergem no essencial: foi em conseqüência da passagem de uma sociedade holística e hierarquizada para uma sociedade individualista e igualitária que o peso afetivo aumentou nas relações pessoais. Shorter propõe, com relação a isso, um enfoque que tem o mérito da limpidez: com o nascimento do capitalismo e do salariado, os homens e mulheres se viram obrigados, pelo menos no mercado de trabalho, a agir como indivíduos *autodeterminados*, uma vez que se sentiram desafiados a dar prosseguimento a suas próprias metas e a seus interesses particulares. E esses novos imperativos se traduziram, de maneira bem concreta, na obrigação de abandonar as antigas comunidades a que pertenciam – para as camponesas, por exemplo, tratava-se de "ir para a cidade", o que lhes conferia uma certa margem de liberdade em comparação com o peso dos costumes tradicionais. Pois bem, essa é, em substância, a tese de Shorter, de que os reflexos individualistas e as exigências de liberdade se mantiveram ligados: adquiridos na esfera do mercado, pouco a pouco se transferiram para a da cultura e das relações humanas. Em todos esses campos, com efeito, o peso da comunidade diminuiu na medida do aumento da livre decisão individual. Como aqueles ou aquelas que escolhiam seu trabalho não viriam a querer fazer o mesmo com relação à vida privada, escolhendo também suas companheiras ou companheiros?[106] A lógica do individualismo que se introduziu nas

---

[106] Por sua vez, sociólogos como Niklas Luhmann tentaram evitar a armadilha das explicações causais, interessando-se pela maneira como essas mutações históricas foram vividas na literatura e traduzidas em seus "códigos semânticos". Suas análises nem por isso deixam de convergir com as de Shorter, diagnosticando o surgimento, característico da modernidade, de uma esfera privada em que o amor, separado dos aspectos comunitários e econômicos que o englobavam anteriormente, se tornou uma espécie de finalidade em si para os indivíduos. Cf. Niklas Luhmann, *Amour comme passion. De la codification de l'intimité*, Aubier, 1990 (o título [em francês] foi traduzido literalmente, ficando quase ininteligível. Uma tradução conveniente seria simplesmente: *L'amour-passion* [O amor-paixão]).

relações humanas as elevou, assim, até a esfera do amor moderno, eletivo e sentimental.

A questão do sentido da vida, com isso, foi completamente revirada: a partir dali o amor profano passou então a dar, à existência dos indivíduos, sua significação mais manifesta. Foi também o que melhor passou a encarnar a "estrutura pessoal do sentido". Era tentador ver nele uma promessa de emancipação e de felicidade. Toda a literatura moderna, porém, com uma insistência que não deixa de ser espantosa, invariavelmente o descreveu sob o signo da infelicidade. De *A princesa de Clèves* à *A educação sentimental*, de *A cartuxa de Parma* à *A bela do Senhor*, a mesma advertência incessantemente foi feita: não há amor feliz. Como se o lugar do sentido fosse um lugar maldito, como se a felicidade com que o amor acena fosse por natureza predisposta ao fracasso. Esse amor, já sugeri, não ocorre sem haver alguma imprudência, uma vez que imediatamente ele se propõe aos vínculos simultaneamente mais fortes e mais instáveis. Quanto a isso, é claro, à psicologia das paixões, substituída ou não pela psicanálise, não faltam explicações para justificar aquilo que aparece como destino. Mas essas justificações, por mais razoáveis que sejam, talvez não cheguem ao essencial. De fato, pode ser que seja por motivos propriamente metafísicos que a vida sentimental dos Modernos se choca a dificuldades mais temíveis do que as apontadas pela antropologia. Posso perceber pelo menos duas.

O trágico do amor moderno

A primeira vem muito simplesmente do que foi dito: o indivíduo foi levado a fundar a parte mais importante de sua existência sobre

A divinização do humano: a secularização da ética...

sentimentos, sobre ligações afetivas às vezes violentas, no momento mesmo em que estava, mais do que nunca, privado da ajuda das tradições – da crença religiosa, mas também do apoio dado por uma comunidade tendo a experiência das solidariedades concretas. Círculo trágico, pois os dois movimentos, o de avanço do sentimento assim como o de recuo das tradições, multiplicam mutuamente os seus efeitos: o mal se torna para nós, ao mesmo tempo, mais sensível e menos sensato. É uma vida de alto risco, sobre cuja tensão prospera a retomada de espiritualidades antigas: elas realçam como podem as contradições flagrantes de uma existência mortal, que organiza de antemão sua própria infelicidade, cultivando o vínculo, ao revés de qualquer meditação sobre a separação e a morte. Podemos assim medir a dimensão das dificuldades que os Modernos prepararam para si mesmos: mais amor e laços sentimentais do que nunca com relação a seus próximos, maior vulnerabilidade ao mal sob todas as suas formas, e menor apoio do que nunca diante dessas coisas. Diga-se isso não para denunciar a "modernidade", mas para salientar um dos preços mais altos a que o ideal individualista nos submete. Vem daí, sem dúvida, a contínua ressurgência de ideologias antimodernas e neotradicionalistas. Da ecologia profunda às diferentes formas da *"New-Age"*, passando pelos diversos sincretismos religiosos tão em voga hoje em dia, elas pedem um retorno a formas de espiritualidade comunitária, para não dizer sectária. Vem daí, também, a dificuldade que têm de convencer duradouramente, pois trata-se de um universo em que os próprios discípulos, tragados no movimento geral, não param, apesar das suas convicções holísticas, de reivindicar os valores individualistas da autenticidade e do "pensar por si mesmo", até e inclusive na escolha de um guru!

Mas há uma segunda razão, menos trivial e menos visível, para as ameaças que pesam sobre a felicidade dos sentimentos. Emancipados dos laços sagrados impostos pelas tradições religiosas e comunitárias, os indivíduos passaram a enfrentar uma figura inédita nas relações humanas: a do frente a frente, da dualidade, se podemos assim dizer, solitária, do casal, a partir de então entregue a si mesmo, liberto do peso, mas também privado do socorro do mundo vertical da tradição. Casal humano, demasiado humano talvez, que logo viria a ter a experiência da estreita relação unindo a liberdade absoluta e a fragilização da felicidade.[107]

A dialética da vida amorosa: Tristão, Don Juan e retorno

Os sentimentos inspirados pela paixão formam base apropriada para as relações duradouras? Por natureza, não são de tal forma instáveis, que nada sólido se deva edificar sobre eles?[108] Já se pressentia isso desde Platão, e nada veio até hoje desmenti-lo. No entanto, acham os Modernos, fora do estado amoroso, a vida sentimental não vale a pena ser vivida. É este o paradoxo do casamento por amor: ele parece trazer em si, desde a origem, quase que por essência, sua dissolução. Se apenas o sentimento une os seres, ele pode também sozinho desuni-los.[109] Quanto mais o casamento se liberta de seus motivos tradicionais, econômicos ou familiares, se tornando fator de escolha individual e afinidade eletiva, mais ele se choca com a questão tipicamente

---

[107] Muitas vezes me inspirei nas belas análises de Tzvetan Todorov em *Frêle bonheur, essai sur Rousseau*, Hachette, 1985.
[108] A questão se coloca em termos análogos na esfera da estética em geral: assim que esta privilegia o sentimento acima de qualquer outro critério da beleza, o problema da objetividade do gosto se coloca.
[109] Desde 1938, Denis de Rougemont dedicou a essa questão, em *L'amour et l'Occident*, algumas páginas de impressionante lucidez.

A divinização do humano: a secularização da ética...

moderna do "desgaste do desejo". É como se, por existir apenas por um tempo, o estado amoroso devesse levar toda união em sua queda...

Drewermann sugeriu que essa queda não passa de efeito de uma outra, mais antiga[110] não foi o pecado da carne propriamente que expulsou Adão e Eva do paraíso, mas eles terem se separado de uma transcendência que lhes permitia aquela união. A perda de um terceiro termo, o divino, os livrou um ao outro, a um frente a frente cedo ou tarde destinado à destruição. Dessa vez, pelo menos, Drewermann não podia ser acusado de interpretação original ou desviada. Pelo contrário, foi em plena harmonia com a ortodoxia mais bem estabelecida que ele redescobriu o sentido autêntico da *tentação*: ela por excelência é obra da serpente, aquele *diabolos* que visa à separação do divino como tal e se deleita com os efeitos devastadores que isso produz sobre os homens.

Durante séculos, na Europa cristã, o único amor considerado legítimo era aquele reservado a Deus. Os Evangelhos insistiam nisso inclusive com termos de um rigor que muitos cristãos de hoje não são mais capazes de entender: "Se alguém vem a mim e não odiar seu pai, sua mãe, sua mulher, seus filhos, seus irmãos, suas irmãs e até mesmo a sua própria vida, ele não pode ser meu discípulo" (Lucas, XIV, 26). Sem dúvida chocados pela força do verbo "odiar" ou por sua condição insólita em mensagem suposta ser totalmente animada pelo amor, alguns tradutores se apressaram em substituí-lo por outros que lhes parecessem menos brutais.[111] É diluir a significação da frase. Não que Cristo, é claro, pregasse como tal o ódio com relação aos próximos.[112] Mas o amor *somente* humano lhe parecia

---

[110] Cf. *La peur et la faute*, Cerf, 1992, p. 79 sq.

[111] Por exemplo: "Se alguém vem a mim e preferir seu pai, sua mãe..." etc.

[112] "Se alguém disser 'eu amo Deus' e odiar seu irmão, ele é um mentiroso; pois quem não ama o seu irmão, que ele pode ver, como amaria Deus, que ele nem vê?" (Epístola de João, I, 4, 7-21.)

detestável, e é essa exclusividade que ele nos estimula a odiar: sem a mediação de uma transcendência, de um terceiro termo unindo, ela está destinada ao vazio. Ora, foi esse terceiro termo que, com toda evidência, o nascimento do individualismo nos fez perder: a família moderna é primeiramente e antes de mais nada um *casal* ao qual se ligam, se for o caso, mas não mais, como antes, necessariamente, "parentes" no sentido amplo do termo, *relatives*, como bem se exprimem os americanos, designando assim, sem sequer pensar nisso, a nova face do absoluto...

É difícil, tenhamos ou não crença religiosa, se manter totalmente insensível ao aviso. Ele explica bastante bem os artifícios empregados pela paixão quando, afinal livre das "ilusões" religiosas, ela se lança na busca frenética de obstáculos que sustentem ou retardem suas metamorfoses. Poupemo-nos da necessidade de mencioná-los, já que supostamente são bem conhecidos: estratégias desse tipo fornecem, há pelo menos dois séculos, o gancho mais garantido de uma literatura imensa. Seria interessante, pelo contrário, levar adiante a hipótese de que essas idas e vindas sejam *ersatz* de uma transcendência perdida, efeitos visíveis de uma dialética em que se fecham as duas mônadas reunidas, tanto para o melhor quanto para o pior: a dialética do egoísmo e do altruísmo. Ela atravessa e alimenta toda a problemática moderna do amor-paixão. Romancistas, pensadores e até filósofos sérios se colocaram a questão: essa forma de amor não é contraditória? Por um lado, o(a) apaixonado(a) se declara inteiramente entregue a seu objeto. Ele(a) está, por assim dizer, "fora de si mesmo(a)." Ele(a) só pensa nela(e), somente ela(e) está em seus sonhos, e cada instante da sua vida se abisma na preocupação com o menor sinal vindo do outro. Ele(a) é, digamos, "altruísta". Mas essas emoções não são, antes de mais nada, *suas*? Onde se situam os sentimentos atravessados pela paixão, senão no mais íntimo e profundo

A divinização do humano: a secularização da ética...

do próprio apaixonado? O objeto, que parecia tão essencial um instante antes, na verdade não seria apenas um acessório, a causa fortuita de um sentimento por natureza egoísta, que satisfaz sobretudo a si mesmo?

Impossível, é claro, uma decisão final entre essas possibilidades. Mas o debate, que parece teórico, ganha um alcance bem concreto no desenvolver da vida amorosa. A paixão necessita, para sobreviver, de uma igualdade perfeita entre o amado e quem ama. Todos, afora os ingênuos, o pressentem: no amor, qualquer desequilíbrio é mortal. Trata-se de um axioma, por assim dizer, a lei fundamental de uma física, que, mesmo sendo do coração, não é menos impositiva do que a dos corpos. Simone Weil fez disso, como se sabe, o tema central de um pequeno livro, cujas primeiras palavras são eloqüentes: "Todos os movimentos naturais da alma são regidos por leis análogas às da gravidade material. Apenas a graça faz exceção... Por que, assim que um ser humano demonstra precisar um pouco ou muito de um outro, este se afasta? Gravidade."[113] E se o desequilíbrio for fatal – não é mesmo? – justamente porque os indivíduos, deixados à solidão do frente a frente, não conseguem senão oscilar entre esses dois extremos que são o aniquilamento de si em "benefício" (mas que duvidoso benefício) do outro e o aniquilamento do outro em benefício de si?

Talvez com razão se possa considerar tal proposta excessiva: é verdade que, às vezes, o amor-paixão encontra seu equilíbrio. Ele se transforma, então, em feliz e terna amizade. Resumindo, ele envelhece bem. Mas justamente por ter deixado de ser apaixonado e permitido que as pessoas largassem a solidão a dois, abrindo para terceiras entidades que vêm separar e, conjuntamente, reunir as mônadas.

---

[113] *La pesanteur et la grâce*, Plon, 1991, p. 7.

A paixão é que seria excessiva, e não a proposição a seu respeito. É ela que, como dizem os lugares-comuns mais bem estabelecidos, é "devoradora". Nesse sentido, não há acaso algum no fato de nossos grandes mitos eróticos, de Tristão a Don Juan, serem tão antitéticos, se inscrevendo no círculo de uma dialética em que as figuras do altruísmo e do egoísmo se opõem como os termos de uma antinomia. E se eles ganharam essa dimensão simbólica não foi também porque esses dois extremos, remetendo-se incessante e reciprocamente um ao outro, definem os contornos do espaço afetivo específico do individualismo?

A *figura do enamorado a suspirar: a negação de si em benefício do outro*

Na falta de se poder por muito tempo conservar o equilíbrio perfeito, a reciprocidade ideal dos sentimentos, o amor-paixão se refugia em uma negação de si que chega às raias do misticismo: já que o místico busca a "fusão em Deus", quem ama visa a desaparecer no amado. Resta-lhe apenas o suspirar, mas ele, pelo menos, dispõe de um modelo confirmado: o do amor cortês, já compreendido pela poesia do século XII e depois reinterpretado pelos românticos, para uso dos Modernos.[114] A idealização do ser amado é o principal motivo disso: é a sua perfeição, qualidade normalmente reservada ao divino, que desperta os sentimentos, imprimindo-os no coração

---

[114] Até os historiadores das mentalidades notam o quanto, com relação a isso, a alta Idade Média parece mais próxima de nós do que os três séculos que precederam a Revolução Francesa. Abstenhamo-nos, entretanto, das ilusões retrospectivas: o amor cortês só se assemelha de fato ao "nosso" amor-paixão moderno após a sua reinterpretação pelos românticos. Sua problemática original, essencialmente religiosa, não nos é mais absolutamente perceptível hoje em dia. Cf. Denis de Rougemont, *L'amour et l'Occident, op. cit.*

A divinização do humano: a secularização da ética...

do enamorado como se este fosse um macio pedaço de cera. A paixão ganha aí seu verdadeiro sentido: o da passividade absoluta. Assim como a sensação, em uma visão "realista",[115] é causada pelo impacto do mundo criado por Deus sobre uma sensibilidade passiva, os sentimentos são o efeito irremediavelmente produzido pelo choque do encontro com o ser amado. O amor cortês, então, é por natureza infeliz: o amado deve permanecer para sempre transcendente – razão por que a relação permanece o mais freqüentemente platônica, ao mesmo tempo desinteressada e desencarnada. É pela negação de si que o enamorado tenta levantar a cisão engendrada pelo desequilíbrio dos termos: abolindo-se completamente, ele pode esperar restabelecer um vínculo com essa quase-divindade que é o objeto do amor. Somente com a morte Tristão conseguiu se alçar ao nível de uma união na verdade impossível para qualquer encarnação terrestre.

Por aí podemos ver também como essa abnegação ideal, esse "altruísmo" hiperbólico podem facilmente se reverter no contrário: o narcisismo. A idealização do ser amado, que se situa nos confins da idolatria, não tem a ver com o que chamamos agora uma "projeção"? O procedimento se tornou flagrante em sua reapropriação pelos românticos, com Stendhal inclusive, ao descrever o fenômeno da "cristalização."[116] Liberto das motivações religiosas (a idealização

---

[115] Poderíamos estabelecer uma analogia perfeita entre o sentimento e a sensação. Como sugeriu Hegel na dialética da "certeza sensível", é pela impossibilidade de manter a igualdade entre o sujeito e o objeto que essa figura da consciência coloca primeiramente o objeto como o essencial, e ela própria como o acidental. No plano filosófico de uma teoria do conhecimento, essa posição corresponde ao "realismo": o objeto existe independentemente da sensação, que é pura passividade, simples reflexo, e ele é a sua causa.

[116] É conhecido o célebre trecho em *Do amor*: "Nas minas de sal de Salzburgo jogase, nas profundezas abandonadas da mina, um ramo de árvore desfolhada pelo inverno; dois ou três meses depois ele é retirado, coberto de cristalizações brilhantes: os galhos menores, que não ultrapassam o tamanho da pata de um passarinho, estão

de uma perfeição metafísica, a fusão com o ser perfeito pela negação de si), o amor-paixão conduz quem ama, e queria se aniquilar no amado, a se ver sozinho consigo mesmo. Primeiramente por causa da lei da "gravidade", que o infeliz Stendhal tão cruelmente experimentou com Mathilde Dembowski. Mas também porque a idealização, logo reduzida à projeção, só se remete à vida interior daquele que ama. Ele se afunda então nessa deleitação consigo mesmo, que é o amor pelo amor, mesmo que infeliz. Abandonando a retórica da negação de si pelo outro, o enamorado se torna simplesmente o herói derrisório de um egotismo solitário.

O mito de Don Juan: a negação do outro em benefício do eu

Aquele que ama se torna então a medida para toda coisa: ser, na verdade, é perceber ou ser percebido, amar ou ser amado. Don Juan é o equivalente sentimental dessa idealista teoria da percepção. Incessantemente ele seduz, mas os objetos de sua sedução têm somente uma existência indiscernível. As mulheres são para ele apenas silhuetas, e é nessa negação do outro que ele consegue afirmar seu poder e sua liberdade supremos. Assim como a Tristão, não podemos imaginar Don Juan casado, mas os motivos dessa impossibilidade são inversos: o ser perfeito era inacessível ao enamorado suspirante que, renunciando à amada, mergulhava no vazio. Agora ele próprio é inacessível, ele que é toda a realidade, e seus objetos, intercambiáveis, se tornam irreais. Por isso Don Juan fala de suas

---

enfeitados por uma infinidade de diamantes móveis e deslumbrantes; não se consegue mais reconhecer nele o ramo original." Dessa mesma forma, o enamorado reveste o amado.

A divinização do humano: a secularização da ética...

conquistas como de uma massa confusa e neutra: "De qualquer maneira, não posso recusar meu coração *a tudo que eu vir e que se possa amar.*"[117] A seus olhos contam apenas as "experiências" subjetivas, não os seres particulares que são sua causa eventual. Como egoísta rigoroso, é através delas que ele espera se compreender plenamente, coincidir afinal consigo mesmo, no gozo das energias vitais que as incessantes renovações lhe proporcionam: "As inclinações nascentes, afinal, têm encantos inexplicáveis, e todo o prazer do amor está na mudança."[118]

Essa absoluta liberdade, que pretende reinar irrestrita nos corações, também revira, por sua vez, em seu contrário. Visando a provar a si mesmo, Don Juan se condena a nunca se compreender senão em uma perpétua exterioridade de si: ele quer encarnar o mais perfeito egoísmo, mas precisa incessantemente apelar para a alteridade de um outro, é verdade que indeterminado, mas de qualquer jeito essencial para a sua vida. Desenvolvendo o culto do novo pelo novo, ele se remete à repetição abstrata de momentos de existência que, não deixando inicialmente de ter seus encantos, acabam se assemelhando todos. A excitação cede lugar ao tédio, a diferença pura, à identidade insípida de uma noite em que todos os gatos são pardos...

Por esse caminho, a dialética nos traz de volta, como deve, a seu ponto de partida: por não conseguir manter o equilíbrio dos termos, em vão a consciência amorosa tenta preservar a unidade pela negação de um deles. Fracasso supremo do "estágio estético", segundo Kierkegaard. Ele concluía, como bom cristão, que o amor entre dois seres precisa ser rejuntado por um terceiro que os transcenda e una, ao mesmo tempo. A hipótese poderia também encontrar sua tradu-

---

[117] Molière, *Dom Juan*, ato I, cena 2.
[118] *Ibid.*

ção no âmbito de um certo humanismo: aquele que enfim aceita considerar a transcendência do outro compatível com a imanência para si, como aquilo que, no interior do eu e dos seus sentimentos, faz estourarem os limites estreitos demais do indivíduo monádico.

As novas faces do amor

No presente estágio da reflexão, cabe examinar uma interrogação que, sem dúvida, não deixou de atravessar o espírito de vários leitores. Quando nos referimos ao "nascimento do amor moderno", como tenho feito aqui, me apoiando nas inovações da história das mentalidades, de qual amor falamos exatamente? A quem convenceríamos dizendo que os homens e as mulheres dos tempos antigos não se amavam como nós amamos atualmente? Foi de fato preciso esperar pela época das Luzes para que o cristianismo pregasse o amor? É evidente que não. Mas é evidente também que o termo é ambíguo. Ele engloba realidades bem diferentes. É preciso fazer a distinção. Partamos do antigo para melhor compreendermos o novo, ou seja, no caso, partamos da Antigüidade helenística. Sabe-se que o grego dispunha de três palavras para designar o amor: *Eros, Philia* e *Agapè*.[119]

De *Eros*, foi sem dúvida Platão quem nos disse o essencial. Freud apenas repetiu, 23 séculos depois: o desejo sexual, exaltado na paixão amorosa, é falta. Por isso ele pede o *consumo* do outro. Uma vez satisfeito, ele mergulha em um vazio satisfeito, até renascer e recomeçar sem outra finalidade última senão a morte mesma. A palavra

---

[119] Sigo o comentário dado a esses três termos por André Comte-Sponville em *Petit traité des grandes vertus* (ed. bras. Martins Fontes, *Pequeno tratado das grandes virtudes*).

A divinização do humano: a secularização da ética...

alemã utilizada por Freud para designar *Eros* guarda em si essa contradição, que é própria de toda a vida biológica: *Lust*, ao mesmo tempo desejo e prazer, falta e satisfação, pois um não poderia existir sem o outro. Toda "excitação" tende à sua própria supressão, e por isso *Eros* sempre mergulha em *Thanatos*.

Para *Philia*, em geral traduzida como *amizade*, é preciso nos voltarmos para Aristóteles. Ele lhe dedicou as mais belas páginas de seu *Ética a Nicômaco*: inversamente a *Eros*, *Philia* não vive da falta e do consumo, mas, pelo contrário, da alegria preciosa e singular que nasce com a simples presença e mesmo existência do ser amado.[120] Cada um de nós pode representar para si alguma realidade concreta sob essas definições que permitem uma primeira distinção: é essa *Philia* que os historiadores nos mostraram o quanto faltava na família tradicional, a ponto de seu advento, por volta do século XVIII, constituir, pelo menos nos limites da civilização européia, uma verdadeira revolução.

O que vem a ser, então, *Agapè*? Ausente na Antigüidade grega, ela surgiu nos *Evangelhos*, designando o amor que Cristo nos recomenda estender àqueles que nos são indiferentes, ou até inimigos. Um amor, então, que não se nutre da ausência do outro (*Eros*) como também não se satisfaz com sua presença (*Philia*), mas, quase impossível para os homens, encontra seu modelo no calvário de Cristo:

---

[120] André Comte-Sponville nos propõe a seguinte definição de *Philia*, que retomo de bom grado: "Eu te amo: fico contente que existas... *Philia* é o amor que se difunde entre os humanos e sob qualquer forma, quando ele não se reduz à falta e à paixão (a *Eros*). A palavra tem, então, uma extensão mais restrita do que o francês 'amour' (que pode servir também para um objeto, um animal ou um Deus), mas mais ampla do que 'amizade' (que não se aplica, por exemplo, entre filhos e pais). Digamos que seja o amor-alegria, por ser ele recíproco ou poder sê-lo: é a alegria de amar e de ser amado... Ou seja, é o amor-ação, que, por essa razão, opomos a *Eros* (amor-paixão), apesar de nada impedir que possam convergir ou seguirem juntos." *Op. cit.*, p. 330 334-335.

amor desinteressado, gratuito, sem justificativa até, pois seria insuficiente dizer que ele continua a agir independente de qualquer reciprocidade. Uma das raras imagens disso que possamos criar para nós é sem dúvida esta: o amor de uma mãe (ou de um pai) por um(a) mau (má) filho (ou filha) que ela(e) não cessa de querer bem. Ou esta outra também, mais rara ainda, igualmente evocada por Comte-Sponville, sob a inspiração de Simone Weil:[121] não ocupar sempre todo o espaço disponível, "deixar ser" aqueles que amamos. "Você recua um passo? Ele recua dois. Simplesmente para lhe deixar mais espaço, para não atrapalhar, para não invadi-lo... É o contrário de o que Sartre chamava 'o gordo pleno de ser', em que ele via a definição plausível do canalha. Se aceitarmos essa definição, que não é absoluta, deve-se dizer que a caridade, se formos capazes disso, seria o contrário da canalhice de ser si mesmo. Seria como renunciar à plenitude do ego, à força, ao poder."[122] Imagens aproximativas, é claro, mas que tentam, como se diz, dar uma idéia, ou melhor, um esboço sensível daquilo que talvez já não pertença inteiramente à esfera dos sentimentos humanos.

Da consideração dessas três formas de amor, André Comte-Sponville tira uma lição que merece reflexão: está claro que, no sentido da *Philia*, eu não posso amar mais do que 10 ou 20 pessoas neste mundo. Sobram então muitas, mais de cinco bilhões, por assim dizer, que ficam fora do campo desse tipo de amor. Para além da *Philia*, conseqüentemente, é a *moral*, o respeito legal, abstrato e, na verda-

---

[121] Parodiando uma frase de Sartre, podemos dizer do Deus de Simone Weil que ele "cria a falta de ser para que haja o ser": ele, que é infinito e perfeito, renuncia a seu poder absoluto para que o mundo e os homens possam existir. É no contexto dessa teoria da criação que se deve compreender a idéia, tão cara a Simone Weil, de um "Deus fraco".

[122] *Ibid.*, p. 364, 365.

A *divinização do humano: a secularização da ética...*

de, indiferente, que assume o posto. É o que me permite me conduzir, com aqueles cuja falta não me faz a menor falta e cuja existência me deixa indiferente, *mais ou menos* como se eu os amasse. É o que me faz preencher um cheque para os mais necessitados, participar de alguma manifestação contra uma ou outra injustiça ou, mais simplesmente ainda, aceitar a idéia de que minha liberdade termina onde começa a do outro. Um mínimo de *cuidado*, em suma, que, no mais das vezes, se tudo corre bem, nos preenche o lugar de *Agapè*. *Agapè* tornaria supérflua a moral, mas aí está, esse amor é tão gratuito, tão desinteressado que parece inacessível ao humano, razão por que o supérfluo, isto é, a moral se torna, em última instância, tão necessária. "Age como se amasses...": depois de tudo bem pesado, essa seria a frase decisiva para isso. É bem pouco, sem dúvida, diante do ideal de Cristo, mas já seria muito e até mesmo inesperado se considerarmos a positividade do mundo tal como ele anda.

A essa análise eu acrescentaria apenas o seguinte: se foi *Philia* que se introduziu na família com o advento do individualismo moderno, seria absurdo imaginar que ela nos tornou mais sensíveis às virtudes de *Agapè*? Pode ser que façam a objeção de que o amor é egoísta, que a família, esfera privada por excelência, só se preocupa com o coletivo na medida em que ele exerce alguma influência sobre ela: os pais se inquietam com a situação econômica quando isso constitui uma ameaça para seus filhos, com a escola ou a universidade quando eles ingressam, com o futuro da medicina e do serviço social quando eles ficam doentes etc. Tudo isso é verdade. Mas entre esse egoísmo "coletivo", de um lado, e, de outro, a moral abstrata dos imperativos universalistas há, parece-me, um elo intermediário, um traço de união sensível que só se torna realmente perceptível após e através da intrusão de *Philia* no domínio privado. O fato de cuidarmos primeiro e antes de mais nada dos nossos próximos não nos impede uma certa compaixão diante do sofrimento daqueles que, passamos a saber, são *alter ego*. É verdade que seria ainda preciso, para isso, que a igualdade democrática tivesse se instaurado ao mesmo tempo que apareceu a vida sentimental moderna. Sem essa mediação, com efeito, não existe absolutamente compaixão possível com relação ao gênero humano por inteiro. Parece-me, entretanto, que essa *simpatia* sensível é que leva à relativização dos limites estreitos de uma antinomia, a do egoísmo e do altruísmo, em que se fechava inicialmente o amor moderno. Ela era necessária para que a moral do dever não permanecesse pura abstração, para que fosse, se podemos assim dizer, fecundada por *Agapè*. Impossível, para quem ama seus filhos, manter-se inteiramente insensível à miséria se abatendo sobre seus *semelhantes*, mesmo que do outro lado do mundo. No âmbito democrático em que traça seu caminho a idéia de não haver diferença de natureza entre os indivíduos, o egoísmo, *por menor que seja*, está destinado a se ultrapassar sozinho e, por assim dizer, por si mesmo. Essa ultrapassagem, o mais freqüentemente, sequer tem a necessidade de vir por efeito de um raciocínio, de uma iniciativa intelectual. Foi sobre esse fundo novo que a aventura humanitária se ergueu no meio do século XIX. Foi graças a isso que ela pôde substituir a religião cristã, cuja estrutura tradicional, a do teológico-ético, estava já literalmente minada pelos progressos do individualismo.

Novas figuras do sagrado?

O ensino dos historiadores é precioso. Permite-nos melhor compreendermos os dispositivos para uma eventual história do sacrifício e, com isso, das representações do sagrado que os homens criaram

A divinização do humano: a secularização da ética...

para si. O lento processo de desencantamento com o mundo, através do qual se operou a humanização do divino, se revela dessa forma compensado por um movimento paralelo de divinização do humano, o que torna altamente problemático o diagnóstico pelo qual estaríamos assistindo pura e simplesmente à erosão das transcendências *sob todas as suas formas*, que teriam sido derrotadas pelos efeitos de uma dinâmica implacável: a do individualismo democrático. Tudo indica, pelo contrário, que transcendências se reconstituem, primeiro na esfera dos sentimentos individuais, mas, sem dúvida, bem além dela, pela tomada em consideração da humanidade em seu conjunto. Apesar de vividas na imanência dos sujeitos, elas nem por isso deixam de definir um novo espaço do sagrado. É desse espaço que precisamos agora delimitar os contornos.

CAPÍTULO III

O sagrado com rosto humano

Os anos 1960 foram os anos da emancipação dos corpos. Há mais de 20 séculos a tradição judaico-cristã opunha o mundo intelectual ao mundo sensível, a beleza da Idéias à feiúra dos instintos, o espírito à matéria, a alma ao corpo. Mas era preciso um processo de reabilitação. Marx, Nietzsche e Freud, convocados ao tribunal como testemunhas, deviam ajudar os oprimidos a abrirem as vias para um materialismo alegre, lúdico e sem opressões. No final dessa luta, despontou a libertação sexual e, em seu esteio, as primeiras legislações sobre o aborto. Sob essa fachada imoralista, a revolta se pretendia na verdade mais moral do que as antigas éticas, burguesas e carcomidas. Ela pleiteava a emancipação do gênero humano inteiro.

Mudança de época: a exigência de liberdade absoluta esbarrou em novos obstáculos. Hoje em dia não se trata tanto de libertar a corporeidade em nós quanto de preservá-la de eventuais ataques vindos das forças acumuladas da ciência, da indústria e do comércio. Ameaças reais ou fantasmas? A questão vale ser colocada. Pelo menos parece certo que, após o tempo da emancipação, veio aquele da santuarização, da sacralização do corpo humano, que não poderia ser entregue sem proteção aos poderes da tecnociência. Símbolos dessas novas preocupações morais, no decorrer da década 1980, vieram à luz os Comitês de Ética, encarregados de avaliar as conseqüências do progresso científico.

Nesse mesmo período, e por disposições análogas, o humanitarismo também teve acesso ao primeiro plano das nossas preocupações morais. Mais uma vez, o contraste com os anos 1960 é impressionante. Seria dizer pouco que, na época de Maio de 1968, no tempo do "tudo político", a caridade não tinha lá grandes prestígios. Ridicularizada pelos filósofos da desconfiança, ela mais parecia, a exemplo da religião que freqüentemente a inspirava, o ópio do povo. Não seria da caridade que viria a Revolução tão esperada. Pelo contrário, isso constituía o entrave mais garantido, o mais temível obstáculo, o mel açucarado destinado a ajudar a engolir uma poção cujo amargor devia exclusivamente servir de incentivo para o militantismo autêntico: aquele que passava pelas vias da revolta e depois pela reconquista política de um Estado entregue aos interesses de classe.[123] As críticas marxista e nietzschiana da "piedade" constituíam uma passagem obrigatória dos estudos de filosofia.[124] Lembro-me ainda dos comentários deslumbrados de um professor que nos incitava à meditação das possibilidades revolucionárias deste trecho de *A vontade de potência* referindo-se à caridade cristã: "Proclamar o amor universal pela humanidade é, na prática, dar *preferência* a toda forma de sofrimento indesejável, degenerado... Para a espécie, é necessário que o indesejado, o fraco, o degenerado mor-

---

[123] O que não impediu muitos humanitários de descobrirem sua vocação pelo viés do terceiro-mundismo. Foi-lhes necessário, todavia, para chegar a isso, operar um sólido *aggiornamento*.

[124] Luc Boltanski (cf. *La souffrance à distance*, Métaillé, 1993, p. 247 sq.) analisou bem os dispositivos da imensa literatura de inspiração marxista e nietzschiana consagrada, nos anos 1970, à crítica da filantropia como forma de dominação suave.

O sagrado com rosto humano

ram: mas é a *eles* que o cristianismo, como força *conservadora*, apela, reforçando dessa maneira esse instinto por si só poderoso entre os seres fracos, o de se poupar, se conservar, se sustentar mutuamente. O que é a 'virtude' e a 'caridade' no cristianismo senão a reciprocidade na conservação, essa solidariedade dos fracos, esse entrave à seleção?"[125] Os proletários eram chamados a se tornarem os novos patrões, e a massa aburguesada, conservadora e abestalhada, o equivalente contemporâneo dos fracos cristãos...

Sem dúvida a oposição entre a política e o humanitário não desapareceu. A desconfiança de que este último possa servir de álibi à primeira está inclusive no centro dos nossos debates contemporâneos. A questão é real. No entanto, também aí a questão se inverteu: em 25 anos, o número de organizações não governamentais com vocação caritativa se multiplicou por cem, enquanto os últimos militantes da revolução entraram no museus dos espécimes desaparecidos. Deplore-se ou não, não é mais a política que figura como utopia, mas sim o projeto de enfim se assumir o encargo do sofrimento e da dignidade do Outro. E se o humanitário suscita reações hostis, não é mais em função dos seus objetivos, mas por suspeita, às vezes, de estragar uma idéia bela demais para que seja utilizada com finalidades publicitárias ou ideológicas.[126] À sacralização dos corpos respondeu então a dos corações e, laicizados, em seguida rebatizados, os valores da caridade ganharam um impulso inédito. Apenas em teoria, ou também na realidade dos fatos, talvez questionem alguns?

O pior nem sempre se confirma. Empreendido por duas pesquisadoras do Centro Nacional de Pesquisa Científica (CNRS), Edith

---

[125] Nietszche, *A vontade de potência*, 151.

[126] É essa desconfiança que justifica as críticas mais radicais, e essa distinção (entre a verdade do projeto e sua utilização ideológica) que limita o seu alcance. Cf., quanto a isso, Bernard-Henri Lévy, *La pureté dangereuse*, Grasset, 1994, p. 141 sq.

LUC FERRY ⊖ O HOMEM-DEUS

Archambault e Judith Boumendil, um importante estudo sobre as doações e a beneficência foi publicado em abril de 1995, por encomenda da Fundação de França. Não teve grande divulgação.[127] Suas conclusões, de real interesse, testemunham no entanto uma propensão nada insignificante àquela "preocupação com o outro" que alguns queriam ver apenas como uma moda superficial. A interpretação do fenômeno, claro, não se faz sozinha, e seria no mínimo precipitado celebrar sem outro tipo de procedimento o angelismo dos nossos contemporâneos. Sua dimensão factual, no entanto, é impressionante: mais de 50% dos franceses fizeram doações em 1994 (40% em 1993), chegando a um montante global de 14,3 bilhões de francos, o que representa um aumento de 50% se comparado a 1990. Se acrescentarmos que um quarto dos doadores se constitui de pessoas isentas de impostos, talvez possamos excluir a hipótese pessimista de serem essas iniciativas, consideradas *a priori* uma forma de generosidade, motivadas pela intenção mercantil de dedução fiscal. Ainda mais porque o engajamento caritativo não se limita mais ao mero cheque pelo qual podemos imaginar que alguns quisessem adquirir uma desculpabilização barata. De fato, ao mesmo tempo, a beneficência, sob todas as suas formas, recrutou um milhão de novos adeptos que, como se diz, pagam com seu trabalho! Em 1975, o Socorro Católico empregava 25 mil filantropos, 52 mil em 1984, 66 mil em 1989! Dos diferentes postos que essa nova paixão caritativa distribui, as ações humanitárias internacionais não figuram certamente na primeira fila. Elas inclusive vêm bem depois das associações esportivas, da saúde e dos serviços sociais. Nem por isso deixam de ter um lugar simbólico, a ponto de representarem sozinhas o conjunto do fenômeno. Isso é inexato, é claro, mas não totalmente infundado,

---

[127] *Le Monde*, em todo caso, fez a resenha em sua edição de 4 de abril de 1995.

O sagrado com rosto humano

pois a solidariedade, hoje, facilmente se pretende universal. Com ajuda da tentação da aventura, ela bem que gostaria de ultrapassar seus antigos limites particulares, nacionais, étnicos, religiosos. A Nação, a raça e até o divino não parecem mais tão sagrados quanto o sofrimento ou a dignidade de simples humanos. Isso talvez seja uma novidade e que vale ser pensada, ainda mais porque essa sacralização tem inúmeras facetas.

Bioética: a sacralização do corpo humano

Fecundação *in vitro*, pílula abortiva, inseminação artificial, clonagem, experiências com o embrião humano, eugenismo, novas definições dos limites da vida e da morte, doações de órgãos, manipulações e terapias genéticas, medicina preditiva: a imprensa não pára de evocar os inextricáveis dramas existenciais, éticos e jurídicos a que nos submetem esses poderes inéditos do homem sobre o homem. Nunca, provavelmente, as barreiras tradicionais haviam sido tão forçadas. Nunca, sem dúvida, o progresso das ciências e das técnicas havia suscitado interrogações de tal dimensão moral e, arrisquemos a palavra, *metafísica*: tudo se passa como se o sentimento do sagrado, apesar da "morte de Deus", subsistisse sem que, nem por isso, a espiritualidade ou a sabedoria que lhe deviam corresponder nos seja dada. Que o misto de inquietude e de fascínio suscitado pela bioética não fique alheio ao tema teológico da profanação é algo que três das suas motivações fundamentais tornam, por assim dizer, um ponto sensível na atualidade.

Isso vale, primeiramente, para a questão da identidade ou do próprio do homem como tal. Não somente se tornou possível conservar indefinidamente embriões congelados, reimplantá-los à vontade e sacudir dessa forma a lógica antigamente intangível das gerações – podendo, por exemplo, uma mulher se tornar mãe de sua irmã[128] –, mas podem-se também "clonar" seres humanos, modificar suas células "germinais" com, como possível efeito, o aparecimento de mutações da espécie. O que virtualmente se colocou, então, não é nada menos do que a questão da constituição mesma da humanidade como tal e que se poderia variar para sempre.

O fato de tais poderes estarem à inteira disposição do homem constitui, em si, um problema maior. Ele não somente é parte interessada, mas também juiz, por assim dizer, e não tem o controle, pelo menos por enquanto, dos efeitos possíveis de suas intervenções sobre sua própria "natureza". A ciência contemporânea reatualiza, dessa forma, os mitos de Frankenstein e do aprendiz de feiticeiro: as criaturas que o ser humano é capaz de engendrar podem lhe escapar de maneira irremediável. Fica-lhe então proibido todo direito ao erro e não há, nessa matéria, experiência que possa se valer de qualquer inocência.

Por isso uma terceira interrogação, à qual ninguém, creio, pode permanecer insensível: por quem, por intermédio de quais procedimentos, em nome de quais critérios explícitos ou implícitos poderão se impor limites ao desdobramento inevitável das demandas individuais ou até, como muitos desejariam, ao desenvolvimento da pesquisa científica? Entregue a um destino que ele pode agora construir, sozinho às voltas com seus próprios demônios, o homem terá de encontrar em si as respostas às interrogações que ele suscitou. Ele vai precisar *inventar*, por assim dizer *ex nihilo*, suas regras de conduta

---

[128] Não só a hipótese é absolutamente possível, mas inclusive, tecnicamente, é de fácil realização: bastaria para tanto dar nascimento a embriões de duas irmãs em épocas diferentes e conservar o segundo por tempo suficiente para poder reimplantá-lo no primeiro!

O sagrado com rosto humano

diante das forças que ele desencadeou e que ninguém sabe ainda como ele vai poder dominar.

Creio ser como se traduzem, cada vez mais, as preocupações morais que se reagrupam sob o termo "bioética": longe de erradicar o sentimento do sagrado, a laicização do mundo, que acompanhou a evolução das ciências, tornou-o ainda mais tangível, pois ela o deslocou na direção do homem e o encarnou nele. O corpo humano, à imagem do de Cristo, se tornou Templo. Mas a divindade que ele abriga parece inencontrável. Ela remete a uma alma que não conseguimos designar, apesar de se manter a intuição. O divino deixou o céu, ele se tornou, de acordo com a profecia hegeliana, imanente. Diante da possibilidade da clonagem ou de manipulações genéticas que transformariam para sempre a espécie humana, o ateu não se encontra menos assustado do que o crente. Simplesmente, desde o advento do homem-Deus, o temor não está mais ligado à representação dos mandamentos impostos pelo criador. Apenas a gravidade das questões colocadas ainda o evoca, como o negativo de uma preocupação que o humanismo leigo não consegue inteiramente justificar. Ele se mantém sobretudo por respeito à criatura propriamente, cujo corpo só se valoriza na dimensão do coração que ele tem em si. Do nascimento do amor moderno à sacralização do homem, o laço se tornou, assim, visível.

O *humanitário ou a sacralização do coração*

Quando Henri Dunant, com a ajuda de Gustave Moynier, fundou a Cruz Vermelha, em 29 de outubro de 1863, tinha uma só idéia na cabeça: fazer que o maior número possível de Estados reconhecesse aquela "neutralidade" que lhe era tão cara desde seu primeiro contato com a ignomínia na guerra. Outros já contaram o destino

LUC FERRY ⊖ O HOMEM-DEUS

grandioso e tumultuado que coube a Henri Dunant.[129] Que me baste aqui apenas evocar o fato fundador, por assim dizer, a cena primitiva que deu o pontapé inicial: o famoso episódio de Solferino. Protestante fervoroso, membro da boa burguesia genebrina, Dunant foi em busca da aventura e da fortuna na Argélia, onde adquiriu um moinho moderno e muito produtivo. Faltavam-lhe terras, no entanto, e, como a administração local argelina lhe criava inúmeros transtornos, resolveu apelar ao imperador.[130] Naquele ano 1859, Napoleão III não se encontrava em Paris: travava na Itália uma guerra feroz contra os austríacos. Dunant não tinha grandes informações quanto a isso. Ele se dirigiu então à Lombardia, para encontrá-lo. Em 24 de junho, seu carro parou em Castiglione, a poucos quilômetros do campo de batalha em que 40 mil soldados morreriam em poucos dias! Na cidadezinha italiana, 9 mil feridos foram empilhados nas ruas, nos pátios das igrejas, nas escadarias dos jardins públicos, e o sangue corria como a água em dias de chuva. Dunant passou vários dias sem dormir, tentando cuidar, sem grandes resultados, daqueles homens abandonados por todos. Não encontrou Napoleão, mas de volta a Genebra, redigiu febrilmente um livro que daria a volta ao mundo: *Uma lembrança de Solferino*. As edições se multiplicaram, e o sucesso foi fulminante, como testemunhou este elogio dos irmãos Goncourt, que normalmente são bem parcimoniosos:

---

[129] Cf., por exemplo, Pierre Boissier, *Henri Dunant*, Genebra, 1991 (publicação do Instituto Henri-Dunant, a cujos membros eu gostaria de agradecer pela acolhida que me deram). Sobre a história da ação humanitária moderna, lêem-se com proveito as obras de Jean-Christophe Ruffin, sobretudo *L'aventure humanitaire*, Gallimard, 1994. Exprimo também meus agradecimentos a Bernard Kouchner, que se mostrou muito disponível.

[130] A Argélia progressivamente se tornou colônia francesa desde 1830. Entre 1853 e 1870, Napoleão III foi imperador da França e sua política colonial permitia uma certa autonomia à administração local. (N.T.)

O sagrado com rosto humano

Essas páginas me arrebatam de emoção. O sublime tocando profundamente a fibra. É mais bonito, mil vezes mais bonito do que Homero, do que *A retirada dos dez mil*, do que qualquer coisa..."[131]

Sem dúvida é um exagero, mas sintomático: ainda hoje não se lê a obra de Dunant sem emoção. Ela trazia em si uma bela idéia, uma idéia simples que, mesmo não sendo nova aos olhos dos filósofos, guarda toda sua força diante do grande público: uma vez no chão e retirado de combate por seus ferimentos, os soldados deixam de ser soldados. Voltam a ser homens, vítimas por nada mais diferenciadas, sequer por suas nacionalidades. É esse o sentido original do "neutralismo" em que a Cruz Vermelha baseia sua ação: não se trata, de início, como tanto se criticou posteriormente, de negar a responsabilidade *política* desse ou daquele campo, mas de fazer abstração, considerando unicamente as *vítimas*. O direito humanitário nasceu como, às vezes esquecemos disso, um capítulo particular do direito de guerra. *Inter arma caritas...* Ele traz, no entanto, duas novidades cruciais com relação a seus ancestrais legítimos que são a caridade cristã e a filosofia dos direitos do homem.

"Não deixa que façam ao outro...": a extensão universal da caridade e dos direitos do homem[132]

Entre o Bem e o Mal, uma nova categoria moral surgiu, no coração das novas preocupações caritativas: a da *indiferença*, que passou

---

[131] Citado por Pierre Boissier, de quem tomei emprestada a citação.

[132] "Não deixa que façam ao outro..." Convidado pela Academia Universal das Culturas para uma conferência sobre "o dever de assistência", tive a oportunidade de trocar algumas idéias com Robert Badinter, no final de minha palestra. Foi quem me sugeriu essa fórmula, para assinalar o "algo mais" de universalidade que o humanitário moderno pretende introduzir, em comparação com as formas tradicionais da caridade.

a ser preciso rechaçar ilimitada e implacavelmente de toda natureza. A Declaração de 1789 se livrou do enquadramento nacional que tinha originalmente – com o qual, de fato, ela não concernia apenas ao homem como tal, mas também ao *cidadão*, membro de uma nação com contornos históricos e geográficos determinados. Do ponto de vista filosófico, a idéia de assistência humanitária pertence à herança universalista da grande Declaração. Repousa na idéia de que todo indivíduo possui direitos, abstraindo o fato de seu enraizamento nessa ou naquela comunidade particular – étnica, nacional, religiosa, lingüística ou outra. Mas alça esse princípio a seu limite extremo, até o ponto em que o enquadramento nacional, que lhe servia ainda de local de nascimento, quase se apaga. Como Jean-Christophe Ruffin escreveu muito justamente: "Até aqui, filantropos, como Florence Nightingale, permaneceram prisioneiros de sua origem nacional: lutaram pela melhoria dos serviços de saúde dos exércitos, considerando implicitamente que cada campo devia cuidar dos 'seus' feridos. Dunant não tinha essas deformações nacionalistas. Ele viveu, pelo menos em pensamento, em um mundo ideal, que encontrou entre os feridos de Solferino. O mundo das vítimas era um mundo de iguais, e por terem sido atingidos pelas armas, aqueles homens delas se tinham livrado. Todos se tornavam neutros."[133] Não somente o humanitário pretendeu se libertar do enquadramento nacional, mas, tomando hoje a forma de um "direito de ingerência", acabou se chocando inclusive com o seu princípio supremo: a sacrossanta soberania dos Estados.

Herdeira do cristianismo e dos direitos do homem, a idéia humanitária se afastou de tudo isso pelo alcance excepcional dado à idéia de universalidade. Com isso ela se confirmou como noção tipica-

---

[133] *L'aventure humanitaire, op. cit.*, p. 50.

O sagrado com rosto humano

mente moderna e ocidental. Não que as sociedades tradicionais desconhecessem o dever de assistência: toda moral, inclusive antiga, e, claro, também toda religião comportam em si a idéia de um dever de caridade. Mas, o mais freqüentemente, isso se limitava à comunidade particular definida por cada tradição. A solidariedade não se estende facilmente a toda a humanidade, e as guerras de religião não estiveram entre aquelas que houvessem evidenciado uma grande compaixão... Além disso e no seio do próprio catolicismo, as pretensões ao universalismo se inscreviam, ainda, sob os auspícios do proselitismo. Não era o Outro como tal que se colocava como objeto de qualquer autêntico respeito, mas o cristão em potencial. Daí não apenas a vocação missionária da Igreja, mas também as terríveis teses dos maiores teólogos cristãos sobre a "guerra justa". Apesar de dever muito ao cristianismo, o dever de assistência humanitária pertence ao espaço aberto com a Revolução Francesa pelo universo leigo que, justamente por romper com as tradições particulares, pretendia se elevar até o cosmopolitismo. Uma nova religião, a da humanidade, acabava de nascer.

Ora, é esse, precisamente, o ponto sensível. Se, em princípio, a extensão do dever de assistência for infinita (estendendo-se à humanidade em geral e não somente a nossos próximos ou a nossos correligionários) e total (podendo requerer até o sacrifício da vida), como esperar razoavelmente aplicá-lo? O sujeito ideal para uma obrigação desse tipo pode ser real? Deveria se tratar de uma personalidade heróica de um gênero inédito: motivado não por valores substanciais e carnais, como o amor pelos seus, por seu país, por sua cultura ou por sua história, mas pelo respeito de puros princípios, por uma simpatia, por assim dizer, abstrata... É disso, claro, que provém primeiramente a formidável disparidade entre o ideal e os fatos, pois os "objetos" do sacrifício, ao mesmo tempo, são mais numerosos e estão mais distantes do que nunca. A cada dia, ou quase, os telejornais mostram novos e possíveis alvos para os candidatos à militância. Através do mesmo movimento, as motivações para o sacrifício requerido se diluem: qual solidariedade me une, hoje em dia, ao sudanês, ao cambojano ou ao tútsi, senão o sentimento, sem dúvida real, mas por essência abstrato, de pertencermos a uma mesma humanidade? Como assinalou Pascal Bruckner:[134] diante das imagens que nos assaltam por todos os lados, comprovamos o abismo separando "ver", "saber" e "poder". E esse abismo nos mergulha, forçosamente, em uma indiferença relativa. A razão, no entanto, talvez venha menos dos efeitos perversos da sobreinformação do que da própria natureza da utopia humanitária.

A laicização do mundo, desprendendo os homens de suas antigas origens comunitárias, é a principal fonte das éticas universalistas. Pois bem, ela implica um duplo movimento que torna sua realização difícil, ou mesmo improvável. De um lado, assistimos a uma divinização do homem como tal. Mas, ao mesmo tempo, fora dessa abstração, não há mais nada, nenhuma entidade sagrada, nenhum valor transcendente pelo qual o sacrifício se imponha sozinho. A nova fórmula do dever de assistência, "não deixa que façam ao outro o que não queres que façam contigo", talvez represente um progresso com relação àquela que ela suplantou. Porém, por falta de intermediários entre a esfera privada e o universal abstrato, há a possibilidade de uma boa parte sua permanecer letra morta. Diante de um projeto tão frágil, pode-se apostar sem muito risco nos efeitos devastadores de uma crítica da sociedade do espetáculo que, levada ao estilo dos anos 1960, revistos e corrigidos, alcançou seu apogeu no final da década de 1980.

---

[134] *La tentation de l'innocence*, Grasset, 1995.

O sagrado com rosto humano

O *humanitário em questão*

Estranho retorno das coisas: há pouco ainda, a vontade de integração da preocupação caritativa à política podia passar por bela utopia. A criação de um ministério com essa finalidade e depois a codificação, pela ONU, de um "direito de ingerência" pareceram coroar os esforços de quem, no seio mesmo das organizações não governamentais (ONGs), vinha há muito tempo travando a luta contra "a miséria dos outros". Mario Bettati, que foi, ao lado de Bernard Kouchner, um dos pais fundadores desse novo direito, realçou isso recentemente, com uma legítima satisfação: se o número de ONGs com vocação caritativa se multiplicou por cem desde 1970, foi porque elas responderam a uma esperança nova, após o naufrágio das últimas utopias políticas. Na própria ONU, uma resolução da Assembléia Geral consagrou, em dezembro de 1990, a idéia de "corredores de urgência", permitindo um "livre acesso para as vítimas"...[135]

Apesar do trabalho realizado, os bilhões investidos e as vidas salvas, o sentimento que prevalece hoje é muitas vezes negativo. Tudo isso não teria servido para nada, um simples brilho para ofuscar os olhos, uma agitação febril e espalhafatosa destinada a dissimular a

---

[135] Em seguida, a resolução 688 do Conselho de Segurança, outorgada em 5 de abril de 1991 no final da guerra do Golfo, pôs o governo de Bagdá na obrigação de permitir às organizações humanitárias levarem assistência aos curdos. Outras ainda vieram, a 743 (21 de fevereiro de 1992), criando a "Força de proteção das Nações Unidas" (Forpronu), encarregada de supervisionar a aplicação dos cessar-fogo de Genebra (novembro de 1991) e de Sarajevo (janeiro de 1992); a 770 (14 de agosto de 1992), destinada a "encaminhar a ajuda humanitária em todo lugar em que ela for necessária na Bósnia-Herzegovina"; a 794 (3 de dezembro de 1992), constatando "a necessidade urgente de encaminhamento rápido de ajuda humanitária ao conjunto" da Somália...

passividade dos Estados do Norte diante das guerras do Leste ou do Sul. Saddam Hussein se mantinha a postos e Milosevic também. O genocídio em Ruanda se passou ao vivo, quase diante dos nossos olhos, e tudo levava a pensar que ele poderia prosseguir sem empecilhos no Burundi. O conflito bósnio demonstrou a fraqueza da Europa, os combates fratricidas prosseguiram na Somália, após a retirada sem glória das forças da ONU. Cansados das intervenções estatais, que às vezes levam ao descrédito sua ação, os militantes do primeiro momento chegaram a denunciar "os predadores da ação humanitária" (Xavier Emmanuelli), a "armadilha" (Jean-Christophe Ruffin) ou até o "crime" (Rony Brauman) desse "humanitário impossível" (Alain Destexhe). Membros da "Médicos Sem Fronteiras" (MSF), eles reclamaram contra o confisco da caridade pelos Estados, mais preocupados em recuperar o brilho das suas imagens turvas do que em agir para o Bem. Todos contestaram a figura emblemática de Bernard Kouchner: o pai fundador e amigo de antigamente não traiu sua própria causa, desviada nas altas esferas do Estado e corrompida pelo mundo das imagens? O diagnóstico de todos convergiu: o humanitário não é uma política, também não é uma panacéia, e seria mergulhar na mistificação midiática fazer crer o contrário.

Que intelectuais, ou mesmo políticos, lhes entravem hoje os passos é facilmente compreensível: as ações caritativas altamente midiatizadas se tornaram o sintoma mais visível dessa sociedade do espetáculo da qual se tornou ritual, há quase 40 anos, denunciar os defeitos. Elas, então, fornecem, à direita como à esquerda, um alvo privilegiado, quase uma passagem obrigatória para os depreciadores do mundo "político-midiático". Mas que as estocadas mais agudas venham dos próprios humanitários é coisa que pode parecer surpreendente à primeira vista: não estariam serrando o galho em que

O sagrado com rosto humano

estão pendurados? Leiamos, por exemplo, a primeira página de uma obra recente de Alain Destexhe,[136] secretário-geral da MSF Internacional: "Nunca a palavra esteve tão presente na 'manchete' dos jornais. Nunca o humanitarismo havia sido tão celebrado, incensado, levado ao pináculo. Militares, políticos, industriais, artistas e intelectuais se precipitam à sua cabeceira em uma orgia de boas intenções midiaticamente estampadas. A paixonite é geral... A ONU fez disso uma de suas principais preocupações do pós-guerra fria. Mais perto de nós, *reality shows* põem em cena a solidariedade de vizinhança e a coragem de anônimos. O público nunca foi tão generoso, nem as associações caritativas tão prósperas: esse setor escapa, pelo momento, da crise ambiente! O mundo, em permanente leilão de caridade, não sabe mais onde pôr a cabeça, o coração, a carteira de dinheiro."

Singular irritação, que estigmatiza os ímpetos com os quais se alimenta. Estranho comportamento, que ataca a generosidade de um público por ele solicitado. Temos conhecimento, na história recente, de alguma paixão mais funesta? Mais um esforço e a tal paixonite denunciada não dá em nada. Pode-se apostar que a crítica, ela própria midiática, das formas modernas da "caridade" há de conseguir, nem que seja apenas no plano financeiro, efeitos reais nos próximos anos. Por mais incongruente ou inábil que possa parecer, o ataque não pode também ser afastado com um simples gesto de mão. Ele tem o mérito, é o mínimo que se pode dizer, de evitar a demagogia. Ele não veio de um intelectual entre seus livros, mas de um médico corajoso, que participou de missões *in loco* e se exprime com convicção em nome de uma das organizações mais reconhecidas. Deve-se, então, tentar compreender, examinar mais adiante as suas críticas e

---

[136] *L'humanitaire impossible*, Paris, Armand Colin, 1993. Só podemos, aliás, recomendar a leitura desse livro repleto de interesse.

LUC FERRY ⊖ O HOMEM-DEUS

buscar delimitar seu alcance preciso. E isso vale a pena, nesta época em que, feitas as contas, as utopias não são muitas.

As núpcias da ética e da mídia: uma falsa caridade?

Por questões evidentes, a principal aliada da ação humanitária é a imagem televisionada. Em um tempo mínimo, ela fornece a um máximo de pessoas a única substância que ainda possa mobilizá-las: a indignação e a emoção. É por ela, primeiro e antes de mais nada, que as organizações caritativas podem esperar reunir fundos e energias necessários para o cumprimento das suas ações. É também por ela que podem atrair notoriedade e legitimidade. É uma tática indispensável, mas que não deixa de apresentar perigos, pois a televisão, é o mínimo que se pode dizer, não tem boa imagem. Ela desacredita tanto quanto legitima.[137] Escravizadas pelas indicações das pesquisas

---

[137] Eu fiz o teste, quase disse a prova: ler os 15 ou 20 livros recentemente dedicados aos malefícios da sociedade midiática. A lista é impressionante, e poderíamos crer que a televisão tomou o lugar do próprio Diabo. A seguir, sem nenhum acréscimo de minha parte e nem exagero de qualquer tipo, desordenadamente, o que pude trazer desse mergulho antimidiático: a televisão aliena os espíritos; mostra a todo mundo a mesma coisa; veicula a ideologia de quem a fabrica; deforma a imaginação das crianças; empobrece a curiosidade dos adultos; adormece os espíritos; é um instrumento de controle político; fabrica nossas formas de pensamento; manipula a informação; impõe modelos culturais dominantes, para não dizer burgueses; só mostra de maneira sistemática uma parte do real, esquecendo a realidade urbana, as classes médias, o trabalho terciário, a vida do campo, o mundo operário; marginaliza as línguas e as culturas regionais; engendra a passividade; destrói as relações interpessoais nas famílias; mata o livro e toda cultura "difícil"; incita à violência, à vulgaridade assim como à pornografia; impede as crianças de se tornarem adultas; concorre de maneira desleal com os espetáculos vivos, circo, teatro, cabaré ou cinema; gera a indiferença e a apatia dos cidadãos por intermédio da sobreinformação inútil; abole as hierar-

O sagrado com rosto humano

de audiência, submetidas à imperiosa lógica do espetáculo e do entretenimento, a cultura e a informação midiáticas estariam, se ouvirmos os boatos, em vias de perdição. Por necessidades técnicas tanto quanto ideológicas, a rapidez prima sobre a exigência de serie-dade, o vivido sobre o concebido, o visível sobre o invisível, a ima-gem-choque sobre a idéia, a emoção sobre a explicação. Após as ilu-sões e as vaidades do "Estado cultural", são então as da "sociedade midiática" que devem agora ser desvendadas. Às vezes, a justo títu-lo, mas também, outras vezes, por deformação profissional, muitos intelectuais se preocupam hoje com o magro conteúdo substancial proposto pelos *shows* televisivos, mesmo que apresentados sob os auspícios da "cultura". Quanto aos temas tendo a ver com o huma-nitário, entrariam na pior das categorias: no final, a única coisa que nos ensinaria uma reportagem divulgada no telejornal seria a ocorrên-cia, em algum lugar, de alguma catástrofe; uma parte da miséria mun-dial, com vítimas, todas equivalentes, intercambiáveis, apenas para ali-mentar as preocupações de líderes caritativos, eles próprios inteira-mente midiáticos. Crítica de fundo, no mínimo: dessa forma tudo que não se vê, tudo que não se pode tornar objeto de uma imagem se cala. Quer dizer, o essencial, a começar pelo peso concreto da história e das significações, cada vez particulares, embutidas em qualquer situação catastrófica quando se aprofundam minimamente as coisas.[138]

---

quias culturais; substitui a informação pela comunicação, a reflexão pela emoção, o distanciamento intelectual pela presença de sentimentos voláteis e superficiais; des-valoriza a escola... Podemos nos perguntar como tal monstro pode ainda se benefi-ciar da cumplicidade das autoridades civis, para não falar do próprio povo. Podemos nos perguntar como, cada noite, a imensa maioria dos cidadãos se divide entre os que estão diante da telinha e aqueles que, mesmo criticando-a, se interrogam quan-to à maneira mais viável de ter acesso a ela da maneira mais fácil...

[138] Essa crítica foi desenvolvida com eloqüência e talento por Régis Debray em *L'État séducteur*, Gallimard, 1993.

LUC FERRY ⊖ O HOMEM-DEUS

O estranho, se pensarmos bem, é que esse questionamento da mídia recebe, muitas vezes, seus mais nobres certificados vindos de intelectuais, eles próprios amplamente midiatizados. Como as falsas subversões dos anos 1960, com as quais ela tem parentesco, a crítica da mídia é um gênero literário que facilmente se integra em um tipo de pensamento *prêt-à-porter*. Não nos damos conta, mas ela chega pouco a pouco à posição de discurso dominante, disponível em algo que se assemelha bastante a uma feira de idéias. Muito naturalmente, então, é entre os jornalistas[139] com vocação cultural que ela encontra seus porta-vozes mais aplicados, pois sua força vem primeiramente das alturas filosóficas sedutoras (em substância, a crítica da massa hebetada, alienada pela "sociedade do espetáculo") em que ela pretende ter raízes, ao mesmo tempo que tira da atualidade mil pequenos fatos bem reais que lhe conferem ares de uma verdade empírica incontestável. Ela consegue, então, ecoar em cada um de nós: não há intelectual, não há jornalista consciente do sentido da sua profissão, não há cidadão responsável que não se sinta, com efeito, em algum momento, consternado por uma ou outra das nossas facécias eletrônicas. Do mesmo modo, não há quem não se identifique mais facilmente com a hipotética lucidez do ponto de vista obrigatoriamente elitista da crítica, do que com o do populacho manipulado por produtores sem escrúpulos. Todos temos na memória

---

[139] Que chegam, inclusive – à força de busca da exclusividade –, a se orgulhar de acolher em seu programa ou em suas colunas personalidades pretensamente "não midiáticas". Por exemplo, em *Paris-Match*, com chamada para o lançamento do último livro, *La quarantaine*, de Le Clézio, com uma imensa (e ótima) foto sua: "Esse exilado voluntário, que ignora a imprensa, recebeu com exclusividade PPDA [o apresentador Patrick Poivre D'Arvor] para o canal TF1 e *Paris-Match*" (*Sic!*) – coisa que, para um antimídia *identificado e conhecido como tal pela mídia*, afinal, não é nada mal... Podem-se multiplicar quase infinitamente os exemplos desse gênero que, para além do anedotário, colocam o problema crucial do *status* da crítica midiática da mídia.

O sagrado com rosto humano

algum fenômeno recente de patente desinformação, mas também não é preciso ser tão letrado para denunciar a debilidade de certos "horários nobres". Deve-se inclusive confessar que a realidade ultrapassa as esperanças de qualquer intelectual crítico normalmente constituído e que entrevê nisso, após o fim dos alvos habituais do esquerdismo cultural, a ressurgência inesperada de novos motivos de aflição. No entanto, parece-me ser possível e até necessário deixar de lado os encantos dessa nova retórica. Não para legitimar o estado vigente, do qual seria dizer pouco que não é nada entusiasmante, mas, pelo contrário, para dirigir o ataque ao único nível em que há a possibilidade de se produzirem efeitos saudáveis.

Comecemos pelo diagnóstico. Quando se culpa a informação de apagar a profundidade histórica dos dramas que ela visualiza, de que estamos falando exatamente? Acredita-se de fato que as reportagens sobre a Bósnia ou a Somália tenham desmiolado uma população republicana, consciente e informada, que desde toda a eternidade brilhou por suas competências incomparáveis quanto à história política desses dois países? A qual idade de ouro estão se referindo? A realidade, com toda evidência, é que a imensa maioria do público ignorava *até mesmo a própria existência* da Bósnia e da Somália, antes que a televisão se apropriasse dos seus destinos. A verdadeira dificuldade é bem diferente da que se sugere quando, implicitamente, se quer comparar a informação televisiva com o padrão de um curso da Sorbonne: ela vem do fato de não ser possível, toda noite, voltar à história da Europa Oriental ou da África. Não só o público não é o mesmo que o do anfiteatro Descartes, mas tem ainda a incômoda mania de, inclusive, ser mais variado. A meta essencial de uma informação, com isso, não pode deixar de ser, primeiro, apenas a de sensibilizar, para depois criar a vontade ou a coragem de ir olhar mais de perto, na imprensa escrita e em seguida em livros. Há uma ligação invisível que vai da imagem à escrita, passando por diversos intermediários, e é em seu seio, por assim dizer, do interior, que se deve julgar a televisão, e não a comparando ao que ela nunca vai ser e nem deve vir a ser.

Partindo desse ponto de vista, nada permite afirmar que as reportagens feitas sobre esses dois assuntos tenham totalmente falhado em seu objetivo. Houve, inclusive, documentários bastante bons sobre esses conflitos, em que cada um pôde, à vontade, mesmo que sem conseguir formar uma opinião própria, pelo menos perceber a necessidade de *se esforçar* para isso. A televisão cumpria seu papel: havia, certamente, "espetáculo", isto é, com efeito, emoção, mas também, tanto quanto possível à imagem, uma incitação à inteligência e ao saber. É uma tarefa para o telespectador, mas, finalmente, é um mínimo, dar prosseguimento por conta própria à análise. Irão dizer que tais exemplos são raros demais, e sem dúvida com razão. Pelo menos provam que a coisa não é impossível. Por outro lado, nada garante que multiplicá-los até ultrapassar os limites do cansaço produza qualquer benefício. Suspeitemos da confusão dos gêneros: a televisão deve permanecer, queiramos ou não, um espetáculo; ela deve, mesmo em suas missões culturais, mais *dar o que pensar* do que pôr em cena o conhecimento como tal. A imagem não pode nem deve substituir o escrito.

A objeção irá prosseguir, então, em outro plano: o da ética. Se a virtude da caridade só é válida por seu desprendimento, como poderia ser compatível com o narcisismo e as vantagens secundárias tiradas da midiatização? Sob diversas formas, com efeito (a propósito da beneficência, por exemplo), a questão não pára de incomodar até as próprias organizações caritativas. A ponto de a MSF, por iniciativa de Claude Malhuret, ter acabado adotando, em assembléia geral (1979), uma moção estipulando que "o fato de pertencer à MSF não

O sagrado com rosto humano

pode, em caso algum, servir de elemento de promoção pessoal".[140]
Na época, todos presentes na sala sabiam quem era visado: Bernard
Kouchner, é claro, e seu projeto de fazer barulho midiático em torno
dos *boat-people*, aqueles infelizes que, então, fugiam do Vietnã, atra-
vessando o Mar da China em condições realmente atrozes. Foi (já)
nesse ponto que a MSF se partiu em duas facções. De um lado,
Malhuret, Emmanuelli, Brauman e Charhon; do outro, Kouchner e
os seus, muitos dos quais vindos da época de Biafra. Além das pessoas (havia muitas outras, é claro), além das intrigas e das disputas de
gerações, foram, como disse Xavier Emmanuelli, duas "culturas"
que se enfrentaram, por não "medirem a importância da mídia pelo
mesmo padrão". Para Kouchner, o único meio para se agir era aler-
tando a opinião pública: era preciso, com urgência, reunir os fundos
necessários para o frete de um navio, o *L'île de lumière*, que se tornaria hospital flutuante e também símbolo. Era preciso pressionar os
governantes para dar acolhida aos sobreviventes. Um prestigioso
comitê de apoio se reuniu, com a presença de artistas e de intelectuais célebres. Sartre e Aron foram ao palácio presidencial do Elysée
para a defesa do projeto. O sentido daquela reconciliação foi, na
época, altamente simbólico: os que apoiaram o Vietnã comunista se
levantavam para salvar os *boat-people*... mártires do regime vitorioso! Aceitaram, afinal, estar ao lado dos anticomunistas de sempre,
aqueles mesmos que eram tratados de "cães" pouco tempo antes!
Soljenitsin havia passado por ali. Xavier Emmanuelli, por sua vez,
era contra toda aquela agitação, que julgou com inapelável rigor:
publicou em *Le Quotidien du médecin* um artigo intitulado

---

[140] Sobre essas polêmicas internas e mais globalmente sobre a história do humanitário moderno, é útil a leitura do livro de Olivier Weber, *French doctors*, Robert
Laffont, 1995.

LUC FERRY ⊖ O HOMEM-DEUS

"Um barco para Saint-Germain-des-Prés", em que denunciava, entre outras coisas, o "amplo círculo de mundanos, marqueses, mandarins, *socialites* e outros formadores de opinião" dos pequenos círculos parisienses. Deixado em minoria, Kouchner foi realizar seus projetos em outras paragens. E com sucesso: a precisão, como veremos, é importante. Ele deixou, não sem tristeza, a organização para cuja existência tanto contribuíra. Disso nasceu "Médicos do mundo".

Quinze anos depois, Emmanuelli persistia e assinou:[141] o famoso barco serviu sobretudo, segundo ele, para "abrir um gênero novo para a televisão, inaugurar um novo espetáculo heróico: a ficção-reportagem ao vivo. O barco para o Vietnã chegou sem problemas a seu destino: ele narrou uma obra grandiosa e generosa, abriu caminho para outras criações, promoveu seus armadores. Chegou muito bem em Saint-Germain-des-Prés". Mas em seguida veio também essa incrível confissão, que se deve citar textualmente e que, afinal, se tornou amplamente favorável à escolha que fizera Kouchner: "Provavelmente, a presença do barco para o Vietnã, carregado de jornalistas, televisões, agências de imprensa e fotógrafos em exclusividade, como também de alguns médicos, pôde influenciar comportamentos, salvar numerosas vidas e incitar políticas de todos os matizes a se mostrarem na tela em verdadeiro leilão de generosidade." Provavelmente, numerosas vidas... Mas não era essa, muito exatamente, a meta buscada, que fazia que tudo aquilo valesse a pena?

Com isso se vê que, nessa primeira objeção, os termos da balança não podem, seriamente, ser colocados no mesmo plano: de um lado o venial "pecado" do narcisismo, mas, de outro, a recusa da indiferença e a necessidade objetiva, aceita pelos próprios críticos, de alertar a opinião pública, única capaz, em democracia, de sacudir

---

[141] Cf. *Les prédateurs de l'action humanitaire*, Albin Michel, 1991.

O sagrado com rosto humano

a inércia dos governantes. Para evitar um, deve-se renunciar aos demais, e de qual pureza se prevalecer, para então jogar a primeira pedra? Nossos bispos, tão rápidos atualmente em condenar os excessos de zelo, não se enganaram quanto a isso: reunidos em assembléia plenária, também eles vigorosamente denunciaram a "secularização" e a "midiatização" da caridade.[142] A cada um seu papel! Mas sejamos francos: com toda evidência, não está aí o problema, e a objeção, por mais impressionante que seja, não tem muito valor diante das necessidades bem reais da "lei do fazer barulho". Aliás, esta última não foi criada ontem e é bem anterior à sociedade do espetáculo. Sem o sucesso "midiático" do livro de Henri Dunant, a Cruz Vermelha, sem dúvida, não teria surgido. Não esqueçamos, com efeito, o que já dizia no fim do século XIX Gustave Moynier: "As descrições feitas pelos jornais cotidianos colocam, por assim dizer, os agonizantes dos campos de batalha sob os olhos do leitor e fazem soar em seus ouvidos, ao mesmo tempo que os cantos da vitória, os gemidos dos pobres mutilados que lotam as ambulâncias..."

Também não se sabe ao certo se, ao denunciar as pulsões narcísicas ligadas ao desejo de reconhecimento, se esteja fazendo justiça aos sentimentos e motivações que as animaram. O que se quer dizer, exatamente, quando se declara, como se tratando de uma condenação sem recurso, que fulano ou sicrano são "midiáticos"? Digamos as coisas com simplicidade: entende-se que eles cederam a uma forma de prostituição e acredita-se, com essa avaliação moralizadora, se contornar a questão. Alguns inclusive imaginam com isso adquirir uma certa altura de visão, uma superioridade ética, em suma, sobre os indivíduos que pretendem julgar. Como se fosse pos-

---

[142] Cf. *Le Monde* de 16 de abril de 1994.

sível dar fim, de maneira tão simplista, à forma como o problema do reconhecimento se coloca na "sociedade do espetáculo", como se a antiga aspiração à "glória" não pudesse hoje ter outros motivos senão aqueles, miseráveis ou derrisórios, do arrivismo... Creio que Hannah Arendt se aproximava mais da verdade, de uma outra verdade pelo menos, quando entreviu, sob as estratégias de acesso à celebridade, uma relação inquieta com a mortalidade das coisas humanas. Para os historiadores gregos, a começar por Heródoto, a tarefa da historiografia era, ao registrar os fatos excepcionais realizados pelos homens, salvá-los do esquecimento que ameaça tudo que não pertença ao mundo da natureza. Os fenômenos da natureza, é verdade, são cíclicos: eles se repetem como o dia, vindo após a noite, e o bom tempo, após a tempestade. Essa repetição lhes garante que não serão esquecidos: o mundo da natureza, nesse sentido, tem acesso facilitado à imortalidade, enquanto "todas as coisas que devem sua existência ao homem, como as obras, as ações e as palavras, são perecíveis, contaminadas, por assim dizer, pela mortalidade de seus autores". Era essa, segundo Arendt, a tese tácita da historiografia antiga quando, ao registrar os fatos "heróicos", tentava arrancá-los da esfera do perecível para igualá-los à da natureza.[143] Não tenho certeza de que a inveja e o ciúme – tão prestes em darem de si ares de virtude assim que animam a denúncia indignada dos comportamentos alheios – tenham direito a essa dimensão "metafísica", residual, mas patente, do narcisismo contemporâneo.

---

[143] Cf. *La crise de la culture*, "o conceito de história", tradução francesa, Gallimard, p. 60 sq: "Se os mortais conseguissem dotar de certa permanência suas obras, suas ações e suas palavras, tirando-lhes a característica perecível, essas coisas, então e pelo menos até certo ponto, pareceriam penetrar e se estabelecer no mundo do que dura para sempre e, com isso, os próprios mortais encontrariam seu lugar no cosmos em que tudo é imortal, exceto os homens."

O *sagrado com rosto humano*

Mas talvez nem seja tanto a encenação do Eu que pareça tão detestável, quanto a visão "sentimental" do mundo, que as ideologias caritativas trazem consigo. Isso, segundo uma outra objeção dissimulada sob a primeira, é que viria aniquilar todo esforço conceitual e toda forma de espírito crítico.

A emoção contra a reflexão: uma falsa filosofia?

Como a televisão, sobre a qual ele se apóia, o humanitário se remete à emoção mais do que à reflexão, ao coração mais do que à razão. A exemplo do "Téléthon" ou dos "Dias dedicados à Aids", seria mais um espetáculo do que uma análise, uma encenação de "bons sentimentos" com aparência científica, à qual se juntou uma dose adequada de imagens culpabilizadoras, boas para abrir a via do coração e dos bolsos mais reticentes. Convenhamos, como se deve, quanto à necessidade da agitação mobilizadora. Mas a emoção não vale como demonstração e, passado o choque das fotografias, o que resta disso nas mentes? Qual compreensão minimamente séria das causas reais, culturais, históricas ou políticas da "miséria dos outros"? O humanitário midiático excita a indignação do público, designando para a piedade "vítimas abstratas", todas intercambiáveis entre si. O sofrimento não é universal? Em nome do afetivo, esse humanitário nos estaria fazendo perder a compreensão dos contextos geográfico e histórico.

O que está por trás dessa segunda objeção não tem como se ocultar: não se trata mais de apenas denunciar o narcisismo das pessoas ou inclusive a superficialidade da mídia, mas, indo mais além, os perigos do reinado da emoção na política. Bons intelectuais sempre insistiram nisto: o primado do sentimental sobre a inteligência sempre foi característica dos regimes fascistas, que, sem discussão nem reflexão, pediam que se aderisse a valores ou a líderes carismáticos, para não dizer a um *Führer*. A razão e o espírito crítico, esse distanciamento que, justamente, a imagem não permite, são seus inimigos naturais. Seria o humanitário um fascismo suave?

A crítica parece implacável. Ela, no entanto, passa ao lado do essencial. Eu já sugeri como, de um ponto de vista histórico, a idéia de assistência humanitária se inscreve na herança da Declaração dos Direitos do Homem. Ora, essa Declaração repousa, inclusive é essa a sua contribuição, na idéia de os homens possuírem direitos, *abstração feita* de seu enraizamento nessa ou naquela comunidade particular – étnica, nacional, religiosa, lingüística ou outra. É precisamente por adotar essa visão universalista que o humanitário não deve considerar, de fato, apenas as vítimas "abstratas". Ao contrário de se tratar de um efeito perverso, é sua essência e, não tenhamos medo das palavras, sua grandeza que estão em jogo: ao secularizar a caridade, ele a estendeu para além das solidariedades tradicionais. Felizmente ele não escolhe "suas" vítimas em função de laços comunitários que nos unem a elas e por isso o contexto *precisa* ser, pelo menos *a priori* e em um primeiro momento, indiferente.

Em *A lentidão*, Vera, a mulher de Milan Kundera, pergunta a seu marido, referindo-se à Somália: "Será que velhos também morrem nesse país?" A resposta foi irônica e desabusada: "Não, não, o mais interessante nessa fome especificamente, o que a tornou única entre outras milhões que já ocorreram na Terra, é que ela matou apenas crianças. Não se viu na tela qualquer adulto sofrendo, mesmo que olhássemos os telejornais todo dia, precisamente para confirmar essa

O sagrado com rosto humano

circunstância nunca vista."[144] Além disso, acrescentou o grande escritor, foi bem lógico ter confiado a crianças o trabalho de juntar os famosos sacos de arroz que seriam encaminhados com grande pompa aos pequenos somalianos: a visão sentimental do mundo, abstrata e midiática, navega na idealização do infantil e do juvenil em que naufragam hoje as sociedades modernas. Vitória da pieguice? Atrevo-me a dizer que não tenho tanta certeza... Como não pensar também, em contrapartida, nas páginas que Hans Jonas dedicou à infância em *Le principe responsabilité*? Ele viu nela o arquétipo permitindo perceber, em sua mais original essência, a fonte de toda responsabilidade com relação ao outro. Por uma razão simples, mas menos "piegas" do que parece: a criança não só é vulnerável, mas sua vulnerabilidade é *a priori*, se assim podemos dizer, uma "vulnerabilidade pelo outro": sua vida não pode ter prosseguimento sem ajuda dos adultos. Como tal, ela então faz sinal, sem passar pelo desvio de nenhum raciocínio, a uma *resposta imediata da parte deles*. Ela encarna, dessa maneira, antes de qualquer pedido explícito (como o recém-nascido poderia pedir o que quer que seja?), um apelo ao outro que não é, e nem poderia ser, marcado, como pode ocorrer no mundo dos adultos, por qualquer reciprocidade. É por essa razão, segundo Jonas, que os Estados têm, com relação às crianças que dependem ou podem depender deles, "uma responsabilidade bem diferente daquela do bem-estar dos cidadãos em geral". E ele continua: "O infanticídio é um crime como qualquer outro assassínio, mas uma criança que morre de fome, quer dizer, aceitar que ela morra de fome, é um pecado contra a primeira e mais fundamental

---

[144] Milan Kundera, *La lenteur*, Gallimard, 1995, p. 20 [edição brasileira Nova Fronteira].

LUC FERRY ⊖ O HOMEM-DEUS

de todas as responsabilidades que possam existir para o homem como tal."[145] Acrescentaria que, pela visão universalista que felizmente é a da ação humanitária, a criança encarna por excelência a categoria abstrata da vítima: não apenas sua responsabilidade não está empenhada nos conflitos que a matam, mas também sua vinculação a qualquer comunidade é ainda discutível.

Com relação a isso, a intervenção na Somália, apesar do fracasso político e militar que todos em seguida apontaram, com toda razão, é exemplar. Nenhuma solidariedade comunitária unia os ocidentais aos somalianos. Nenhum interesse econômico ou estratégico foi realmente decisivo. Foi exatamente como escreveu Rony Brauman, por pressão da opinião pública, via CNN, que a operação teve início. Pode-se lamentar, mas igualmente comemorar, pois é também, tudo bem pesado, uma das vantagens das democracias, o fato de ser o povo, muitas vezes, mais virtuoso e mais poderoso do que os seus dirigentes. E, na verdade, desde suas origens, nunca se tinha visto na história da ação humanitária qualquer outro exemplo de intervenção que fosse isento de qualquer solidariedade de tipo tradicional, étnica ou religiosa. Trata-se de um fenômeno que merece ser analisado, mais do que ridicularizado – fato que, é claro, não desculpa a lentidão, os erros monumentais e as falhas cometidas pelo exército.[146] É preciso extrair as lições disso. Mas o fracasso político e militar não deve ocultar o sucesso humanitário.[147] Fossem 30 ou 40 anos atrás, os somalianos teriam, sem dúvida, morrido na mais com-

---

[145] *Le principe responsabilité*, trad. francesa Éditions du Cerf, 1990, p. 185. Nem por isso concordo com a pretensa "demonstração" de Jonas quanto ao caráter "ontológico" do dever de responsabilidade diante da criança.

[146] Cf., quanto a esse ponto, as análises de Rony Brauman em *Le crime humanitaire*, Arléa, 1993.

[147] Como sublinhou, em várias ocasiões, Mario Bettati.

O sagrado com rosto humano

pleta indiferença – não faltam exemplos análogos. Várias centenas de milhares foram salvos. Desse ponto de vista, o papel representado pela emoção da opinião pública, alertada pela mídia, pensando bem, não foi, justamente, indispensável?

O álibi da inação e da covardia: uma falsa política?

Foi dito e repetido à saciedade: o humanitário não é uma política. E, é claro, quem o disse estava coberto de razão: os Estados têm a sua lógica que não é aquela dos bons sentimentos, mas a do poder, do cinismo e da força. A "descoberta", na verdade, não é nova, mas gera, contra o humanitário *em* política, suspeito de dar crédito a uma "política moral", uma série de objeções cuja presença é tão freqüente na mídia que basta recordá-las: desculpabilizando os cidadãos a baixo preço (um pequeno cheque é suficiente), o humanitário os desvia das necessidades da ação real, que é primeiramente social, diplomática e militar; mais ainda, corre o risco, ao atacar os efeitos e não as causas, de prolongar os conflitos e, com isso, as misérias engendradas; uma vez no local, serve de álibi para a inação dos Estados, como se viu na Bósnia, onde os capacetes-azuis, supostos para separar e proteger as populações em guerra, se tornaram reféns; o humanitário de Estado, ineficaz, dessa forma, ameaça o humanitário privado, por desacreditá-lo diante daqueles que ele pretendia socorrer; falsa política, é também uma falsa justiça e um falso direito: não só a ingerência contraria o princípio de soberania dos Estados e faz que se possa temer a volta de um colonialismo disfarçado, mas, além disso, as intervenções que ela pretende legitimar são arbitrárias: por que a Somália ou o Iraque, e não o Tibete ou a

LUC FERRY ⊖ O HOMEM-DEUS

Chechênia? Não são dois pesos e duas medidas? Sob a abstração "direito dos homens", pelo qual todas as vítimas seriam iguais, certamente se estariam dissimulando preferências inconfessas...

Mais uma vez, as coisas não são tão simples quanto parecem. Pois devemos evitar, com todo rigor, confundir, no mesmo opróbrio, uma seletividade intencional, de fato indecente, e uma seletividade imposta pela necessidade.[148] Seja para as organizações governamentais, seja para os Estados, é claro que é mais delicado intervir na China ou na Rússia do que na Somália. *Ultra posse nemo obligatur*, ao impossível ninguém está obrigado, já dizia o direito romano. Poupemo-nos sobretudo da ilusão segundo a qual se deveria suprimir a "diplomacia humanitária" para devolver todo o lugar à diplomacia tradicional. Correríamos um sério risco de decepção. Nada permite, com efeito, afirmar que o humanitário seja necessariamente concorrente ou mesmo excludente da intervenção militar. Alguém seriamente acredita que, na Bósnia, por exemplo, os Estados europeus teriam intervindo em maior grau sem a ação humanitária ou que teria sido por sua causa que eles permaneceram em silêncio tanto tempo? E como ter a certeza de que, 50 anos antes, sem todo aquele famoso barulho midiático, mas também sem uma ajuda alimentar bem real, a cidade de Sarajevo não teria sido riscada do mapa, dentro da mais completa indiferença? Não confundamos o cinismo dos Estados que se protegem por trás da ação humanitária com a sua utilidade real e a nobreza que ela tantas vezes já demonstrou...

A verdadeira dificuldade, que precisa ser resolvida nos próximos anos, se situa, creio, em outro lugar: como conceber, daqui por dian-

---

[148] Cf. o esclarecimento de Mario Bettati em seu artigo "Ação humanitária de Estado e diplomacia", publicado em *Les relations internationales à l'épreuve de la science politique*, Economica, 1993.

O sagrado com rosto humano

te, relações razoáveis entre o humanitário e o político? Confundi-los é absurdo e, além disso, prejudicial na prática: a parcialidade dos Estados, quaisquer que sejam, põe em risco a ação das organizações privadas e, aliás, é por isso que a Cruz Vermelha manteve até hoje o princípio da neutralidade. Separá-los, então, totalmente e, para marcar simbolicamente essa separação, suprimir o Ministério da Ação Humanitária? Seria de novo, mesmo que apenas no plano simbólico, devolver a política ao cinismo, e a moral ao exclusivo domínio do privado. Ou seja, um erro funesto nestes tempos em que, talvez como nunca, os cidadãos exprimam a vontade de ver certas aspirações éticas serem encampadas, quer dizer, *representadas* pelo Estado.[149] Sem dúvida fomos muitos a nos sentirmos ainda mais chocados com o constrangimento e a ausência de explicação coerente dos nossos representantes políticos, do que com a decisão, afinal compreensível (e admitida pelo próprio presidente da Bósnia), de não-intervenção militar. Será preciso, então, no futuro, articular as duas esferas: assim como é verdade que o humanitário não é uma política, uma política democrática não pode, por sua vez, poupar-se da preocupação humanitária.

Para avançar nessa via, será preciso considerar, mais e melhor do que os humanitários fizeram até então, as resistências tradicionais da política, tanto de direita quanto de esquerda, com relação a eles. Por motivos que agora aparecem em plena luz, as teorias políticas do século XIX foram todas, apesar de algumas declarações de princípios, hostis às formas internacionais da "caridade pública": na extrema direita, porque era preciso, em virtude das leis de um certo dar-

---

[149] Claude Malhuret e Xavier Emmanuelli, aliás, aceitaram exercer essa representação em seu mais alto nível, mostrando assim que as suas críticas ao "humanitário político" se mantinham dentro de certos limites.

winismo social, deixar a seleção natural eliminar os fracos; entre os liberais, porque a lógica do mercado devia, no final, resolver por si só todas as dificuldades; e do lado de Marx, porque era à Revolução que caberia tal tarefa... Essas novas teodicéias se entendiam às maravilhas para eludir o problema central que o humanitário recoloca hoje para a opinião pública: o da persistência, no mundo que se pretende "moderno", no mundo em que a imensa maioria das Nações assinou a Declaração Universal dos Direitos do Homem, do mal radical. Diante do enigma renovado do demoníaco, nossas sociedades leigas, privadas de palavras e de conceitos adequados, precisaram reagir. No terreno da ética mais do que no da política, primeiramente, mas também, para além do bem e do mal, no do *sentido*. Lutar contra o mal, combater a infelicidade dos outros e, ao risco da própria vida, partir para terras distantes, onde a loucura dos homens, pelo menos, tem o mérito de suspender a banalidade da vida cotidiana? Não é o que se encontra por baixo do fascínio que ainda exerce, apesar das críticas contrárias, a utopia humanitária? Ela soa como uma promessa de *sentido*, do qual a política e a própria moral estão tragicamente desprovidas. A promessa não é enganosa, pelo menos não inteiramente. Mas tem em si uma armadilha, a única, na verdade, cujas malícias são sutis o bastante para desafiar a reflexão filosófica.

O sentido de sua vida pelo outro ou com o outro?

Por iniciativa do fotógrafo Roger Job foi publicada, em dezembro de 1994, uma coletânea de cartas[150] visando a mostrar, na intimidade mais simples e concreta, as motivações do engajamento cari-

---

[150] *Lettres sans frontières*, Éditions Complexe.

O sagrado com rosto humano

tativo. Endereçados à família, aos colegas ou a amigos, os pequenos textos não haviam sido escritos para serem publicados. Foi depois e com alguns deles já escritos muitos anos antes que os autores aceitaram que os reunissem em livro. Sem assinaturas nem qualquer identificação exterior, pela simples preocupação, então, de dar testemunho de uma experiência mais complexa do que haviam imaginado antes. Descobrem-se com interesse, às vezes inclusive com emoção, as angústias e alegrias vividas por quem, no decorrer de destinos e intenções diversos, escolheu dedicar uma parte da sua existência a essa estranha aventura. Nada nesses depoimentos, que, no mais das vezes, se limitam a detalhes da vida cotidiana, tem um tom grandioso e menos ainda grandiloqüente. E, no entanto, incessantemente, por assim dizer, de forma onipresente nas entrelinhas, encontra-se em cada um a lancinante questão do sentido das suas vidas.

Ouçamos Serge, escrevendo da Somália, em março de 1982, a seus pais: "O trabalho é extenuante ao extremo, sinto-me porém muito feliz de ser médico e me dou conta, afinal, de que todas as minhas reclamações, durante sete anos, serviram para alguma coisa... A experiência que vivo aqui é fantástica. Reaprendo a viver..."

Ou, ainda, Alain, engajado no Chade em fevereiro de 1986: "Não consigo entender o ódio. Esses soldados que se matam uns aos outros e dos quais eu cuido falam a mesma língua. Têm os mesmos costumes, muitas vezes os mesmos amigos... Lamento não poder pegar comigo, durante apenas meia hora, os candidatos militares daqui. Poderia mostrar a eles os buracos, do tamanho de um punho, em fêmures. Faria que ouvissem os gritos de dor, que sentissem o cheiro de pus e de merda que acompanha os combates travados em nome de um ideal mal compreendido..."

Tanto positiva quanto negativamente, a ação humanitária é vivida, pelos que a praticam, como rica em experiência, ensinamento e

LUC FERRY ⊖ O HOMEM-DEUS

sentido. Como confidenciou Rony Brauman, no prefácio que fez para a antologia, sente-se "a felicidade, primeiramente, de ter arrancado uma vida das garras da morte, de ter acrescentado algum sentido à própria vida...". E o ex-presidente da MSF insiste nisso: "Para além dos grandes debates sobre a nova ou remaquiada Ordem mundial, sobre o cinismo das potências ou a universalidade da moral, para além dos seus próprios medos ou frustrações, eles (os humanitários) sabem que a escolha que fizeram os coloca entre os últimos privilegiados da modernidade: aqueles que puderam dar algum sentido à sua vida."

Um sentido *pelo Outro*? Sem dúvida, pois está na própria estrutura do sentido ele nos ser dado na relação com o outro. Deve-se por isso admitir, sem outra precisão, a equação segundo a qual[151] salvar uma vida equivaleria a justificar a sua própria? Talvez. Não tenho a pretensão de julgar isso. Simplesmente parece-me que a hipótese engloba ainda outras interrogações. Se existe uma "armadilha humanitária", a meu ver ela seria exatamente essa, que reside na interpretação errada do "sentido pelo outro". Um risco que Hegel já designava sob a categoria do "mau infinito": a necessidade de sempre procurar, por assim dizer *in absentia*, o sentido em uma alteridade eternamente fugidia. A miséria alheia não pode servir de pretexto, por mais nobre que seja, para dissimular a nossa, e, às vezes, pode ser mais corajoso trabalhar em seu próprio lugar e sobre si mesmo do que percorrer o mundo. Donjuanismo da caridade: procurar pelo outro a experiência do sentido em si mesmo. Projeto desesperado, quando a tarefa, que se confunde com a infelicidade do mundo, é tão inesgotável quanto ele e o sentido nunca assimilável.

---

[151] Não é como, é claro, entende Rony Brauman, mas a problemática do sentido pode ser ainda explicitada.

O sagrado com rosto humano

A generosidade pressupõe a riqueza. Ela transborda e se irradia sobre os outros, em vez de se alimentar deles. Pelo menos foi o que ensinou Aristóteles em *Ética a Nicômaco*: é preciso ser rico, disse ele, para ser generoso. Muitas vezes (mal) compreendida como sinal de um aristocracismo depreciativo, a máxima anunciava a parábola dos talentos: "Também não deve negligenciar seu patrimônio quem deseja empregá-lo socorrendo o outro."[152] Cuidar do seu patrimônio: é também em nós, e não só nos outros, que se deve aprender a reconhecer a transcendência e o sagrado. Em nós e não somente pelos outros, que se deve saber preservá-los do fogo cruzado das religiões dogmáticas e das antropologias materialistas. Essa é a condição para se viver, não só *por* ou *para* o outro, mas também *com* ele.

Se o humanitário traz sentido, não pode, me parece, permanecer em seu aspecto negativo, aquele exclusivamente da "moral da urgência" (a justificação de si pela infelicidade dos outros). Não pode se poupar da reflexão sobre as possibilidades de se encontrar, fora das religiões tradicionais, um *sentido comum*, com aqueles cujos sofrimento e dignidade lhe parecem, a justo título, sagrados. Deve reatar, para além da própria ética que o anima, com os lugares que tradicionalmente foram os da *vida comum*, a cultura e a política. Ensinando-nos a reconhecer o sagrado no homem, deve também nos incitar a buscar como essa nova face do sentido pode e deve irradiar uma cultura e uma política democráticas, que hoje *parecem* ter no desencantamento sua principal característica. Erradamente, talvez...

---

152 *Ética a Nicômaco*, 1120 b.

LUC FERRY ⊖ O HOMEM-DEUS

A reassunção do sagrado na cultura e na política

Foi sem dúvida na esfera da arte que o fim do enraizamento religioso das normas e dos valores produziu as reviravoltas mais sensíveis. É nela também que a reassunção do sagrado pode possibilitar o renovamento, tão esperado desde a morte clínica das vanguardas, de um mundo comum aos homens do tempo presente. Muito freqüentemente, com efeito, vivemos hoje em dia em culturas do passado, longe das formas contemporâneas da arte, que permanece ainda distante demais de seu público. Seria preciso falar de um fim do "teológico-cultural" para designar com justeza a mutação extraordinária que caracterizou a modernidade, pelo menos desde o século XVII. Impossível compreender nossa situação atual com relação às obras, se não entendermos, pelo menos em seu princípio, os grandes momentos dessa evolução. Poderiam, da forma mais simples, serem assim descritos:

Nas civilizações do passado, as obras de arte preenchiam uma função sagrada. Ainda no seio da Antigüidade grega, elas tinham como missão refletir uma ordem cósmica exterior e superior aos homens. Sendo verdade que o divino é por essência o que escapa aos homens e os transcende, elas, por essa exterioridade, recebiam uma dimensão quase religiosa. Eram, no sentido etimológico, um "microcosmo", um pequeno mundo suposto para representar em escala reduzida as propriedades harmoniosas daquele todo do universo que os antigos chamavam *Cosmos*. E era de onde elas tiravam a sua grandeza "impositiva": em sentido próprio, a capacidade que tinham para se *impor* a indivíduos que as recebiam como vindas de fora. A obra possuía, então, uma "objetividade": nem tanto exprimia o gênio do arquiteto ou do escultor, mas a realidade divina da qual ele

O sagrado com rosto humano

era o intercessor junto dos homens. Isso é ainda tão perceptível, que pouco nos importa buscar o nome de algum artista atrás dos gatos de bronze dos salões de egiptologia: o essencial é que se trata de um animal sagrado, transfigurado como tal no espaço da arte.

Seria dizer pouco que nossa situação com relação às obras mudou. Até mesmo se inverteu, a ponto de o nome de um criador nos ser às vezes familiar e ignorarmos, no entanto, o essencial da sua arte. Basta, para se convencer disso, pensar na atitude do público dito "culto" diante da música erudita contemporânea: o nome dos compositores alcança às vezes uma excepcional notoriedade que é recusada às suas composições propriamente. Impressionante contraste: os burgueses alemães de Leipzig ainda ouviam a música de Bach sem se preocupar minimamente com o nome do autor. A afirmação de Nietzsche, de que a verdade da arte se encontra no artista, realizou-se além de toda expectativa: a obra não é mais reflexo de um mundo harmonioso, extra-humano, mas expressão elaborada da personalidade de um indivíduo singular, excepcional: o gênio, que tira de sua riqueza interior a matéria de suas criações.

A crise que afeta hoje as vanguardas não pode ser compreendida fora dessa subjetivação da arte. Sem dúvida, ela vem dos efeitos tardios da contradição interna que a idéia de inovação absoluta implicava logo de início. Como Octavio Paz compreendeu bem cedo, o gesto da ruptura com a tradição, o próprio ideal de *tabula rasa* se tornou, no final do século XX, tradição. Os sinais de subversão que escandiram a história da vanguarda não nos surpreendem mais. Eles se banalizaram, se democratizaram a ponto de entrar nos museus, ao lado das mais clássicas formas de arte. Mas vai-se além: como antigamente o mestre-escola republicano, o artista de vanguarda deu-se como tarefa terminar a grande Revolução, extirpando até no fundo dos corações, na intimidade do gosto, as últimas sobrevivências da

LUC FERRY ⊖ O HOMEM-DEUS

tradição. Como especialidade francesa, o vanguardismo comparti-lhou com o anticlericalismo, com o qual tem parentesco de forma, aquela preocupação de erradicar os relentos do passado, para valorizar o novo como tal. E foi seguindo esse movimento que ele foi levado a exaltar a subjetividade, cultivando a originalidade pela originalidade.

Para o melhor como para o pior, nosso universo leigo propende-se a recusar toda referência ao que for exterior aos homens, em nome de uma exigência incessantemente crescente de autonomia. Nessas condições, não é normal que a própria arte tenha aceito o imperativo de se pôr "na escala humana", de uma ponta a outra criada pelos homens e para os homens?

Tudo estaria da melhor maneira no melhor dos mundos se tal aspiração humanística não se traduzisse pela inelutável interrogação, cada vez mais coerciva: existe ou, pelo menos, tem a possibilidade de existir, uma "grandeza moderna"? Não seria uma contradição em si? Não está, a grandeza, ligada de maneira indissolúvel à representação de um universo transcendente, exterior aos indivíduos e, por essa razão inclusive, *impositivo*? Como poderia, tudo aquilo que não passa de imanência da humanidade, ainda possuir essa característica sagrada, por cuja ausência tudo se torna apenas diversão e vaidade – ou pelo menos proximidade familiar? Ainda estudante em teologia, o jovem Hegel se perguntava qual seria "a religião de um povo livre". Ele, com isso, queria pensar em quais condições a humanidade poderia enfim *se reconhecer* em uma cultura comum, livre de todo dogmatismo, daquela exterioridade opaca que os "argumentos de autoridade" condensam. Achava ser preciso emancipar a religião cristã de sua "positividade", de tudo que ainda restava nela que rebelasse o espírito humano. Mas, do ponto de vista da tradição, isso correspondia a suprimir a própria religião, fazendo-a se passar dentro

O sagrado com rosto humano

dos limites da simples razão. Caso se considerasse sagrada também a arte, "apresentação sensível do divino" ou de seus símbolos, como não admitir, seguindo Hegel, que ela, assim como a religião, se incluía na sinistra categoria das formas ultrapassadas da cultura?

Vivemos, então, o fim do grandioso, pelo menos no sentido a que nos referimos acima. Qual filósofo de minha geração ousaria, sem causar risos, se comparar a Platão e Aristóteles, ou até mesmo, aos mais próximos de nós, a Spinoza, Kant ou Hegel? Qual compositor pretenderia ser um Mozart ou Beethoven, hoje? Qual político, sem sequer ir mais adiante na história passada, se compararia a Clemenceau, de Gaulle ou Churchill? E por que esses simples exemplos, que se poderiam facilmente multiplicar e adaptar ao gosto de cada um, são tão impressionantes para qualquer homem de boa-fé? Falta de recuo histórico? Naufrágio intelectual da humanidade? Não creio. Aliás, basta se voltar para o lado dos homens de ciência para que a situação se mostre bem diferente. Não temos muita dificuldade para encontrar ali grandes espíritos. Com toda evidência, foi a cultura clássica, aquela das Ciências Humanas, que mudou de *status*, no mesmo momento em que se desligou da religião.

Deve-se, insistentemente, voltar a essa questão: sendo humana a fonte de toda obra, nesse caso, do ponto de vista tradicional e sem querer usar uma fórmula fácil, demasiado humana, a cultura leiga também não fica condenada a se situar na altura do homem? Aliás, não é onde se originam todos os debates que hoje em dia partem de um diagnóstico pessimista sobre o declínio, a derrota ou a decadência da cultura contemporânea? No eclipse da transcendência vertical do sagrado, no sentido próprio e sem que isso deva logo ser entendido como um julgamento de valor, não é a *platitude* que ameaça? Como o ser humano poderia tirar de si mesmo, sem referência a uma exterioridade radical e mais impositiva do que ele, o material para

LUC FERRY ⊖ O HOMEM-DEUS

uma grandeza moderna? Essa é, acredito, a questão dessa virada de século. Os "grandes homens", fossem políticos, filósofos ou artistas não eram, antes de tudo, aqueles que encarnavam entidades sublimes: Divindade, Pátria, Razão, Revolução? Mas, se eu só represento a mim mesmo, se sou, segundo a expressão de Sartre, um ser que vale o que valem todos os outros e a quem todos os outros igualmente valem, como poderia querer instaurar esse "grande estilo" ou essa "grande política" pela qual Nietzsche ainda clamava? Se, como propõe este livro, nos recusarmos a ceder às nostalgias dos tempos imemoriais, em que a transcendência do divino, por mais ilusória que pareça, podia imprimir, na mais singela obra humana, o traço do sagrado, em direção a qual horizonte devemos erguer os olhos?

A consideração das áreas da vida humana que escapam dos acasos do gosto e da sensibilidade poderia, acredito, pôr-nos no bom caminho. É o caso do esporte, espetáculo dos mais democráticos, que não deixa de fascinar pela capacidade que oferece de reconstituir os esplendores aristocráticos no seio de um mundo que, por essência, é desprovido disso. O exemplo pode parecer despropositado, para não dizer trivial, tratando-se de uma analogia com a alta cultura. Que se pense, no entanto, no seguinte: a competição esportiva repousa por excelência nos princípios de igualitarismo, tão querido do humanismo moderno. As regras são as mesmas para todos, os equipamentos usados também, a ponto de a trapaça, que introduz desigualdades, simbolizar o crime mais inaceitável de todos. No entanto, também ali hierarquias se reconstituem, sobre uma base puramente humana e, confessemos, até uma certa grandeza. Alguns se sobressaem, tão inesperada quanto inexplicavelmente, e por isso suscitam a admiração. Transcendências parciais, é verdade, mas que dão uma imagem – trata-se apenas disso – da insondável grandeza humana. Por que não encontrá-la também na cultura e na política?

O sagrado com rosto humano

A *dupla face da política como "técnica": culto da performance e tecnocracia*

Por que a "melancolia democrática" se apodera tão facilmente dos povos aparentemente mais favorecidos? Seriam, nossas tranqüilas democracias, tão pouco estimulantes a ponto de não permitirem que sintamos o menor apego por elas? No entanto, não faltam antimodelos: da Argélia ao Irã, da Sérvia à Ruanda, do Sudão à Índia ou ao Camboja, passando pelo Egito, os integrismos de todo tipo banham em sangue as nações com tal ferocidade, que podemos nos felicitar de nossa situação privilegiada. Claro, há o desemprego, novas formas de pobreza e, sem dúvida, pesadas deficiências democráticas. Nada pode desculpar ou nos fazer esquecer isso. Mas é o que reina absoluto no restante do mundo e, ousemos admitir, talvez seja melhor estar desempregado em Bonn ou em Paris do que ser operário em Bombaim ou São Petersburgo. No atual estado das coisas, a vontade de estender ao universo inteiro o sistema humanista e leigo, que tão bem foi testado na Europa do pós-guerra, teria algumas razões para se colocar como um projeto de peso, para não dizer uma bela utopia. A fidelidade aos direitos do homem, a liberdade política, a paz, uma relativa prosperidade, o respeito pelas demais culturas e o olhar crítico sobre si mesmo não formam o ideal que nosso modesto continente pode oferecer ao restante do mundo, caso este resolvesse se inspirar nisso?

Sem dúvida, a infelicidade alheia não consegue nos convencer da nossa própria felicidade. Alguns mais sombrios inclusive estimam que, em vez de relativizá-la, ela acaba se acrescentando. De qualquer maneira, é por uma razão básica que a comparação com sociedades diferentes não basta mais para justificar nossos modos de vida: agora

LUC FERRY ⊖ O HOMEM-DEUS

é *do interior*[153] que o Ocidente começa a perceber as falhas que sua oposição a regimes hostis, ao comunismo em particular, lhe tinham durante tanto tempo permitido ocultar.

Daí, paralelamente à morte das vanguardas, o lancinante lamento com relação ao "fim dos grandes projetos" e a necessidade de se encontrarem outros, com urgência. O homem político das repúblicas islâmicas pode pretender tirar sua força do fato de encarnar uma figura do Absoluto. O chefe de Estado nacionalista ainda mantém a possibilidade de representar, aos olhos do povo, o gênio incomparável da nação, entidade sagrada, pois superior a seus membros. Quando de Gaulle morreu, a imprensa não hesitou em noticiar: "A França está viúva." Duvido que tal manchete seja ainda aplicável a qualquer político de hoje e, menos ainda, creio, de amanhã, pelo tanto que se fortaleceu a dessacralização da idéia de Nação. O líder revolucionário mantinha, de um jeito ou outro, o sentimento de encarnar uma missão sagrada. Deus, a Pátria, a Revolução consagravam grandes projetos. Em comparação, como o político leigo e democrata pode figurar senão como um mero administradorzinho? Na melhor das hipóteses, reconhecem-se nele virtudes de competência e de probidade, mas como isso bastaria para justificar a exorbitante pretensão que, querendo ou não, ele herdou, de se elevar acima do comum dos mortais para lhes servir de guia? Ele sente a urgência da formulação de um amplo projeto, e seu círculo de fiéis o ajuda nesse trabalho. Mas onde encontrar aquela "grande política" em nosso universo, cujos horizonte e fonte foram tão bem humanizados, que nada sagrado pode se erguer sem se contrapor aos ideais leigos e democráticos?

---

[153] Era essa, devem se lembrar, a tese defendida por Francis Fukuyama, mas também, de um outro modo, por Pascal Bruckner em *La mélancolie démocratique* (Seuil, 1990).

O *sagrado com rosto humano*

À falta disso, então, ele escolhe se manter no poder. Mas como vivemos em democracia, ele o faz usando todos os meios compatíveis com nossa forma de regime. Sem nos darmos conta, entramos, há alguns anos, na era da política como *técnica*, no sentido filosófico do termo: a procura do aumento dos *meios* do poder em detrimento de qualquer reflexão sobre as *finalidades*, a arte do controle pelo controle, do domínio pelo domínio. Não por acaso, o nome de um homem habilidoso, François Mitterrand, simboliza os dois efeitos mais profundos do período recentemente transcorrido: de um lado, a liquidação das idéias tradicionais da esquerda, que se pode apreciar de maneira diferente, de acordo com a sensibilidade de cada um;[154] de outro, a exposição dos mecanismos de uma política técnica, cujo controle permitiu ao Presidente se manter nos negócios por maior tempo do que qualquer outro, em toda a história da República. De um lado, a morte da "razão objetiva", dessa razão que fixa metas, "objetivos", justamente, e não se restringe às considerações táticas ou estratégicas apenas; de outro, a consagração da "razão instrumental" e do maquiavelismo...

Técnica: eis a palavra-chave de agora em diante. Se bem que é preciso perceber seu exato alcance. Heidegger buscou sua verdadeira origem na emergência da ciência moderna, cartesiana, que prometia aos homens o domínio do universo. Progresso da civilização para quem estivesse do lado da razão: foi a esperança que animou toda a filosofia das Luzes. Mas, com essa crença, estávamos longe, ainda, do "mundo da técnica" propriamente dito, desse universo do qual a consideração dos fins desaparece em benefício exclusivo da conside-

---

[154] Liberais e "fiéis" às promessas de uma esquerda pura e dura viram nisso, respectivamente, um saudável efeito pedagógico ou uma traição.

ração dos meios. No racionalismo dos séculos XVII e XVIII, o projeto de um controle científico da natureza e, em seguida, da sociedade, possuía ainda uma visão emancipadora: em princípio, ele permanecia submetido à realização de certas *metas*. Tratava-se de dominar o universo, de se tornar algo "como seu senhor e possuidor", mas não absolutamente por puro fascínio de nosso próprio poder, mas para alcançar certos objetivos que se chamavam liberdade e felicidade. E foi com relação a esses fins que o desenvolvimento das ciências surgiu para nossos ancestrais como o vetor de um outro progresso: o dos costumes. Ilusório, talvez, mas nada maquiavélico.

Para que nossa visão do mundo se tornasse, de ponta a ponta, técnica, foi, então, preciso um passo suplementar. Foi preciso que a vontade cessasse de visar a fins exteriores a si e tomasse, por assim dizer, a si mesma como objeto. Foi o que, segundo Heidegger, aconteceu à filosofia com Nietzsche e seu conceito de *Vontade de potência*, verdadeiro rebaixo metafísico da técnica planetária, que plenamente nos envolve hoje. Em Nietzsche, com efeito, a vontade autêntica, a vontade realizada é essa que cessa de ser vontade *de qualquer coisa* para se tornar "vontade de vontade": vontade visando ao aumento das forças vitais, quer dizer, seu próprio aumento, sua própria intensificação como tal. A vontade atinge, assim, a perfeição de seu conceito: querendo a si mesma, ela se torna controle pelo controle, força pela força e cessa de estar sujeita a finalidades externas, como ainda estava no ideal progressista das Luzes.

Creio ser difícil não aceitar o diagnóstico de que nossa vida política acaba de se engajar nessa ótica técnica. De maneira bem significativa, quando aconteceu a reeleição de François Mitterrand em 1988, o jornal *Libération* pôs em manchete: "Bravo, artista!", saudando dessa maneira a performance *como tal*, no momento mesmo em que o artista em questão acabava, em um só setenato, de aniqui-

O sagrado com rosto humano

lar a quase totalidade das idéias a partir das quais o jornal da esquerda libertária vivia desde sua criação. Contra essa consagração imbecil da técnica em política, é preciso reencontrar sentido, fazer que nossos concidadãos possam se olhar de novo nos olhos sem vergonha nem medo, que o ódio não seja mais o termo mais apropriado para descrever o ambiente em nossos subúrbios. Estou convencido de que muitos deles estariam dispostos a aceitar algum rigor futuro e fazer, como tão bem se diz, sacrifícios. Mas seria preciso, para isso, que tivessem a sensação de se engajar em uma causa de algum modo transcendente e sagrada, que os sacrifícios consentidos não fossem em benefício de uma razão instrumental, apenas permitindo a manutenção no poder aos dirigentes, e sim que se inscrevessem em um projeto coletivo próprio a restaurar, entre os homens, relações decentes o bastante para não serem insensatas.

Com relação a isso, a passagem do vocabulário da performance àquele, tecnocrático, da *obrigação* não chega a ser bem-sucedido: não basta opor, contra a demagogia da razão instrumental, a coragem do realismo para fazer o povo – quer dizer, todos nós – compreender o sentido da política engajada. Pensemos um instante na maneira como essas famosas obrigações nos são normalmente apresentadas, na linguagem das políticas "responsáveis", assim como na da maior parte dos formadores de opinião: é preciso, eles dizem, reduzir o déficit, manter a "virtude"... para satisfazer os critérios da construção européia (Tratado de Maastricht, moeda única, etc.). Muito bem. Mas alguém, por um segundo ao menos, pensou no fato de que cidadão algum, afora uma elite bem particular, compreende o que vêm a ser as necessidades e a *finalidade* da moeda única? Que nenhum deles leu o tratado em questão e nem se reconhece em *qualquer das instituições européias, das quais se ignoram alfa e ômega?* Tomemos ainda isto: devem-se levar em conta os "mercados financeiros em expectativa", porque as "taxas de juros" não abaixarão se não nos comportarmos bem. Eu nem sonho, que fique claro, contestar minimamente a validade de tais propostas, mas somente dizer em voz alta e clara que, apesar de alguns diplomas e de um real interesse pelas questões políticas, sinto-me como 99% dos meus concidadãos: na ignorância absoluta dos mecanismos que regem o mundo da alta finança internacional. Como todo mundo, deixo se embutirem nessas expressões algumas imagens e representações que imitam, de maneira mecânica, as que ouço quase cotidianamente. Mas o que aconteceu com a parte do sentido?

Em qual suposto saber se apóia uma política que opõe – sem dúvida, a justo título, não é essa a questão – o realismo tecnocrático à demagogia técnica? Em momento algum se inclui na escolaridade obrigatória a economia, e essa "ciência" parece tão incerta para aqueles mesmos que pretendem possuí-la, que não conseguem nenhum consenso. Gostaria de sugerir a nossos políticos que sondassem o que sabem os franceses, mesmo dentro de uma faixa de bom nível cultural e escolar, a respeito do Conselho da Europa ou do CAC 40,[155] esse ser estranho que se autoconvida toda noite para jantar na casa de nossos concidadãos, por intermédio do telejornal. Talvez se dessem conta da insensatez de quererem dar um sentido a seus projetos, baseando o que interessa a todo mundo em coisa que, a justo título, não interessa a ninguém! Ainda mais porque, reforçando a dificuldade, atualmente ainda perdemos, com a construção européia, o enquadramento em que havia se criado um laço tão ori-

---

[155] O Conselho da Europa foi criado em 1949 e reúne 40 Estados, com sede em Estrasburgo. Adotou a Convenção européia de defesa dos direitos do homem e das liberdades fundamentais. O CAC 40, criado em 1988 pela Sociedade das Bolsas francesa, é o índice representando a média mensal das variações de 40 títulos franceses. (N.T.)

O sagrado com rosto humano

ginal quanto frágil, entre democracia e solidariedade: o enquadramento nacional. Também aqui, não pretendo negar as necessidades de uma Europa podendo permitir que as velhas nações tenham ainda um papel a representar. Mesmo assim, é loucura subestimar o preço de semelhante "progresso": era no Estado-nação, e até prova em contrário em nenhum outro lugar, que os indivíduos *particulares* conseguiam se reconhecer na representação, por sua classe política, de algo que minimamente se assemelhasse ao interesse *geral*. Era ainda nesse enquadramento que se desenvolviam certas solidariedades. Não se pode, então, sem flagrante contradição, deplorar o desaparecimento da *res publica* e o crescimento dos corporativismos, enquanto se favorece a erradicação do único espaço conhecido em que aquela podia encontrar o seu lugar, e estes últimos serem contidos. É querer tudo, mais alguma coisa e, ainda por cima, um sorriso de aprovação. No atual estado das coisas, a construção européia permanece um "processo sem porquê": ela produz direito, trocas comerciais, laços de todo tipo entre os povos, *mas sem que, em momento algum, essa produção seja visível e menos ainda compreensível aos cidadãos.* Ela, em sentido próprio, é *irresponsável*, não é imputável a nada: nem a um homem, por falta de um presidente, nem a uma soberania nacional, por falta de um Parlamento digno desse nome. E querem que a Europa seja o grande projeto da atualidade, que viria a dar sentido à política, após o naufrágio das ideologias? Isso seria realmente, nesse caso, razoável?

Entre a demagogia técnica e a tecnocracia, mesmo inteligente e bem intencionada, entre o culto da performance e a submissão às "obrigações objetivas", a política moderna precisa inventar novas trilhas, retomar o sentido que perdeu com a laicização do mundo. As obrigações são, é a sua natureza, o que são. É concebível, no entanto, que, em um país tão rico quanto a França, a utopia consista em apenas reduzir em 200 mil o número de desempregados por ano, como afirmava ainda recentemente um ex-candidato à presidência da República? Isso não significa, no final das contas e do setenato, fixar-se como objetivo... deixar ainda, na melhor das hipóteses, de dois a dois milhões e meio de indivíduos fora desse espaço de sentido comum que toda comunidade nacional deveria constituir? A política realista não pode se contentar com projeto tão medíocre: sem o quê estará, rapidamente, entregando as armas à demagogia técnica. É preciso explorar caminhos novos, talvez os da divisão do trabalho, da distinção entre atividade produtiva e atividade sensata, inventar formas de solidariedade diferentes desse RMI[156] que evita o pior, mas não traz nem dignidade e nem ocupação para seus beneficiados. Posso ouvir daqui o coro dos liberais desencantados: vamos com calma, procurar transcendência não seria reinstaurar uma dessas utopias que, mesmo sedutoras e mobilizadoras, não deixam de ser funestas e mortais? Não seria reintroduzir, sob a forma que se queira, o velho e dogmático princípio dos argumentos de autoridade? E a significação que se associa tão facilmente à idéia de transcendência, não seria prima distante daquele "sentido da história" em nome do qual se cometeram tantos crimes?

O *reencantamento da política:* *enraizar* Dikè *em* Philia

Reencontrar sentido: a expressão soa talvez como um *slogan* perigoso ou vazio. Quantas vezes não ouvimos nossos políticos e, com eles, alguns intelectuais evocarem a necessidade, que digo, a

---

[156] *Revenu minimum d'insertion*, salário mínimo da "inserção profissional". (N.T.)

O sagrado com rosto humano

urgência de se "reencontrar um grande projeto", "reinventar a política", "reinstalar verdadeiras *clivagens*", "reabrir o futuro" etc.? E quantas vezes não tivemos vontade de responder, simplesmente: vão em frente, não se acanhem! E vieram então sempiternas e ocas cantilenas para a edificação de uma "sociedade-mais-solidária-mais-justa-e-mais-humana", que lutaria contra "a exclusão", asseguraria a promoção dos direitos do homem e a proteção da natureza dentro do contexto "global e planetário" de uma solidariedade entre os povos etc. Sejamos francos: não há mais político algum, intelectual algum que possa hoje sustentar tal discurso, sem favorecer fortemente a tendência natural dos nossos concidadãos ao *zapping*... As palavras, por mais nobres que fossem, se desgastaram. A política técnica, por baixo de sua dupla face – o culto da performance, acompanhado pela imprensa com seus absurdos "em alta/em baixa", e a outra, tecnocrática, das obrigações imperceptíveis para os ignorantes –, não trouxe apenas a ocultação do social[157] e a liquidação dos temas mais clássicos da esquerda, trouxe também o descrédito da própria idéia de idéias em política.

Ainda mais porque a justiça em questão, desde o fim do teológico-ético e o recuo dos comunitarismos, perdeu sua dimensão sensível, carnal, para se tornar caso de *leis*. É onde se situa a grandeza das morais leigas, mas também seu calcanhar de Aquiles.[158] Regido pelo Estado, elaborado pela representação nacional, o direito permane-

---

[157] Se houver ainda alguma dúvida quanto a isso, simplesmente cito este trecho de um discurso de Jack Lang, em Blois, em 1990, em uma festa amavelmente chamada *Ramdam* [bagunça, escarcéu]: "Hoje em dia, o centro é a periferia. Não é mais aquele centro da cidade tombado, classificado pelo patrimônio nacional. A cidade de verdade é a dos subúrbios, com seus Zac e seus Zup [zonas de construção e de urbanismo organizados], tantas vezes pobres, é verdade, mas tão ardentes, tão convivais e coloridos." (colchetes da tradução)

[158] Como não deixaram de observar os "comunitaristas", com Charles Taylor à frente.

LUC FERRY ⊖ O HOMEM-DEUS

ceu inevitavelmente abstrato. A dificuldade não vem, como, às vezes, irrefletidamente se pensa, das definições dadas em um ou outro lugar, diferentes à direita e à esquerda e trazendo consigo as famosas "clivagens" que permitiriam escapar do "pensamento único". Na verdade, a célebre[159] teoria proposta por John Rawls conviria muito bem à imensa maioria: é justa a sociedade que, de um lado, respeita as liberdades formais e, de outro, se mostra mais propícia do que qualquer outra ao mais desfavorecido dos seus membros. Ponto final, ou pouco faltando para isso. O verdadeiro desafio não é teórico, mas sim ao mesmo tempo prático e espiritual: se o que se quer não é "recuperar", mas dar sentido a uma política desencantada, deve-se primeiro se interrogar quanto aos lugares concretos, dos quais se emana esse sentido, para indivíduos que não crêem mais nas virtudes do Estado. A resposta, creio, não causa qualquer dúvida: é em *Philia* que se decide hoje e em primeiro lugar o sentido das nossas vidas. Enquanto a política continuar a subestimar a importância historial do nascimento do amor moderno, enquanto ela não compreender o potencial extraordinário de solidariedade, de *simpatia* residindo na esfera privada, enquanto ela não se basear nisso, nada, nela, há de suscitar entusiasmo.

Pode-se objetar – e já foi feito – que a "volta à esfera privada" não é capaz de originar uma nova visão da política... uma vez que representa sua negação mais radical. E também sublinhar, nesse contexto, o quanto o individualismo ambiente é, por natureza, hostil à reconstituição de "grandes projetos" coletivos. Parece-me ser esse o erro principal. Pois não há, na verdade, oposição entre *Philia* e *Dikè*,

---

[159] No mundo inteiro e até na França. Lembremos que Rawls é o autor vivo cuja obra suscitou o maior número de comentários, a ponto de a bibliografia voltada às suas teses formar hoje um volume de cerca de 800 páginas!

O sagrado com rosto humano

entre a consagração do amor e das amizades *privadas* de um lado e, de outro, a preocupação com uma justiça *universal*. Pelo contrário, é tomando apoio nos sentimentos que se pode dar à lei a dimensão substancial que ela perdeu pelo fato da sua separação dos comunitarismos de antigamente.

Hão de objetar ainda o seguinte: nunca é demais se desconfiar dos sentimentos em política, com a virtude da lei se situando justamente em sua transcendência com relação aos afetos instáveis ou impulsivos. Querendo reencarnar isso no coração dos homens, corre-se o risco de uma confusão dos gêneros que nos traria de volta às antigas concepções da justiça, para não falar do totalitarismo. É claro, a vigilância se impõe, e a lei, para formar um enquadramento estável, não deve se reduzir aos afetos. Não se deve dissolver o elemento judeu no elemento cristão, nem a lei no amor.[160] Mas quem fala aqui de "redução"? Uma reconciliação bastaria. Sobretudo porque os sentimentos, cuja emergência histórica estou evocando, não são apenas *psicológicos* ou, como diria Kant, *patológicos*. Eles confirmam, como tentei demonstrar, uma relação nova com o sagrado: uma transcendência inscrita na imanência à subjetividade humana, no espaço de um humanismo do homem-Deus.

---

[160] Retomando um tema caro a Marek Halter, cf. *La force du Bien*, Laffont, 1995.

CONCLUSÃO

O humanismo do homem-Deus

O cristianismo é um humanismo? Sem dúvida, pois ele situa o homem no centro da criação e lhe concede, nessa ordem intramundana, o lugar mais eminente: o de ter sido criado à imagem de Deus. No entanto, a questão colocada pelo Papa, a da reinstauração – no caso, contra a lei civil – de uma teologia moral baseada no "esplendor da verdade", deve incomodar os cristãos ligados aos princípios do humanismo democrático. Como, por exemplo, conciliar a afirmação de que o aborto é um assassinato *como outro qualquer* e se submeter à lei positiva que autoriza sua prática generalizada? A quem se deve obedecer? Tenta-se distinguir o direito da moral, a esfera pública da lei e a esfera privada da consciência. Mas a distinção não vale em caso de assassínio e se mostra insuficiente para quem se pretende fiel aos ensinamentos do Magistério: foi isso, justamente, que João Paulo II nos propôs contestar. *Desse ponto de vista*, o humanismo teológico, esse mesmo que defende o valor absoluto da vida humana, deixa de ser um humanismo jurídico e político: contra o enraizamento das leis na vontade dos homens reunidos em assembléia secular, ele relembrou o primado dos mandamentos divinos.[161] Do antropocentrismo, ele nos conclamou a que voltemos ao teocentrismo. A pergunta sobre se poder afirmar que o cristianismo é um humanismo permanece, então, amplamente aberta, de acordo com a maneira como o percebemos...

O mesmo ocorre, creio, com relação ao humanismo ateu, que aqui associei, por preocupação pedagógica, ao discurso dos advogados. Que eles me perdoem, ou me concedam circunstâncias atenuantes: tratava-se, é claro, de uma metáfora. Mas, sob certos aspectos, o determinismo ao qual eles tantas vezes são levados a apelar poderia, parece, reivindicar a bela denominação de humanismo. Ele conduz ao ateísmo e ao materialismo. E não ficou claro que este último é o que, enfim, pode libertar o homem da teocracia pela qual ele é mandado de volta à heteronomia das normas, incessantemente? Foi o que Nietzsche, com sua perspicácia habitual, anunciou, ao mesmo tempo que a morte de Deus. Eu já me referi a como, autêntico materialista, ele situou a essência de toda religião no reconhecimento dos valores "superiores à vida". Essa asserção define perfeitamente os contornos do que seria um humanismo radical, um antropocentrismo livre das ilusões da teologia. Foi, aliás, em um livro com título evocativo, *O crepúsculo dos ídolos*, que Nietzsche mais claramente afirmou essa posição: "Julgamentos, pareceres sobre a vida, a favor ou contra, em última instância nunca podem ser verdadeiros: seu

---

[161] O cardeal Lustiger formulou perfeitamente os termos desse dilema: "O fundamento da lei positiva se mostra de certa maneira aquém e além dela mesma. A lei civil permanece o único procedimento reconhecido de arbitragem de opinião nas sociedades democráticas e pluralistas. O regime que pretender se apropriar e dispor do fundamento infundado do direito é, por hipótese, totalitário. Uma chave do direito e do respeito da liberdade está na distância entre a obrigação moral e sua determinação pelo direito. No entanto, para além das disposições jurídicas, encontra-se a instância que as verifica, a verdade em que elas se baseiam. Com toda justiça." Cf. *Devenez dignes de la condition humaine*, Flammarion, 1995, p. 36-37.

O humanismo do homem-Deus

único valor é o de serem sintomas – em si, esses julgamentos são estúpidos."[162] Pois, ele acrescentava, o valor da vida *não pode ser apreciado* por nenhum ser vivo, pois ele estaria sendo juiz e parte interessada, assim como, evidentemente, por nenhum morto...

O argumento, como é freqüente em Nietzsche, é um tanto lacônico. Não seria inútil desenvolver suas articulações: elas logo viriam a servir de base filosófica para todo tipo de reducionismo. Nesse sentido, ele representa, dentro do pensamento, o mais forte assalto jamais efetivado contra a idéia de transcendência. O que quis dizer Nietzsche e por que tanta ressonância? Primeiramente isto: para julgar a vida, seria preciso adotar, em relação a ela, uma situação *de exterioridade*, poder colocar, fora dela, os termos de referência em que se apoiar para fazer um julgamento. Seria preciso supor uma esfera transcendente ideal, um Além, uma distância a partir da qual houvesse alguma significação a emitir avaliações. E essa é a ilusão suprema, a ilusão por excelência de toda religião. O homem é um ser vivo dentre outros, ele igualmente *pertence* à vida, é imanente a ela e por isso seus pretensos julgamentos não passam de sintomas, de emanações inconscientes de um *certo tipo de existência*. Não há "metalinguagem" nem discurso superior em nome do qual seja possível decidir a respeito do sentido e do valor do mundo em que estamos mergulhados.

Por esse viés, podemos ver como Nietzsche traçou a via que seria, pelo menos de maneira dominante, a das Ciências Humanas: a elas caberia mostrar, apoiadas em fatos e argumentos, como se formam os fantasmas de transcendência. Com Durkheim, a Sociologia revelou o que instigava essa extraposição: sendo o todo mais importante do que as partes, a sociedade mais forte do que o indivíduo, é por ela lhe transmitir seus valores que ele tão facilmente aceita as ilusões do sagrado. Mas esse sagrado nunca deixa de ser uma forma dis-

---

[162] "O caso Sócrates", alínea 2.

LUC FERRY ⊖ O HOMEM-DEUS

farçada da consciência coletiva. Em Freud, a origem dessa mitologia foi situada no inconsciente individual e, no final, o resultado mostrou-se análogo, senão idêntico: a religião é apenas a neurose obsessiva da humanidade. A Sociobiologia e a genética dos comportamentos logo completariam o quadro, evocando os "genes da fraternidade", explicando o nascimento do altruísmo pela história da seleção natural. De maneira geral, as Ciências Humanas, apesar da resistência de certos franco-atiradores, se voltaram ao reducionismo. Seu raciocínio retomou o de Nietzsche: as ilusões da transcendência nascem da projeção, fora de nós, do que, na realidade, é apenas uma parte inconsciente de nós mesmos. Têm a ver com aquele fetichismo que Marx mostrou consistir em enxergar objetividade em algo que não é senão produto da história social, psíquica ou natural. É pelo fato de essas histórias nos "ultrapassarem" que, às vezes, dão a sensação do sagrado. Contra semelhante incúria intelectual, é preciso sempre chamar de volta o homem à imanência, sempre trazê-lo da verticalidade à horizontalidade. E, se ele não o fizer naturalmente, é evidentemente devido às "resistências" ligadas a seu inconsciente. A estas é que ele precisa vencer e, só então, o homem terá acesso a si mesmo. Desalienado, ele há de se tornar o que ele é.

É mais ou menos esse o raciocínio em nome do qual o materialismo ateu poderia querer avançar contra aquele cristianismo que, indevidamente, se pavoneava sob o estandarte do humanismo. Por pelo menos duas razões a denominação não me parece também lhe convir.

Primeiramente, já sugeri isso, porque ao anular, *a priori* e por princípio, **toda** referência possível a qualquer ordem que seja de transcendência, ele dissolve o homem em seu contexto. Nietzsche, aliás, não se enganou nesse ponto, recusando firmemente a bandeira em questão: pois ela ainda se remetia ao mito de um indivíduo autônomo e livre; e o ser humano é apenas um fragmento, entre outros, da vontade de potência. As Ciências Humanas confirmam isso, reforçando a redução nietzschiana à Vida com a do Deus História:

196

O *humanismo do homem-Deus*

o homem não é o autor dos seus atos nem de suas idéias, é apenas, com relação a tudo, um *produto*.

Em seguida, porque o materialismo é sempre afetado na junção da contradição que os lógicos contemporâneos denominam "performativa": ele esquece sua própria posição no enunciado de suas teses. Como alguém que dissesse ter sido vítima de uma catástrofe da qual ninguém sobreviveu, ele nega sua subjetividade no mesmo momento em que esta tem aspirações de verdade. Tal sofisma se situa inclusive na proposição de Nietzsche. "Todo julgamento sobre a vida é um sintoma": deve-se entender isso como proposição "verdadeira" (o que contradiria a tese) ou, por sua vez, como simples sintoma (o que lhe impediria então qualquer aspiração à verdade)? Em razão dessa contradição, que permanentemente afeta o discurso dominante das Ciências Humanas, o reducionismo não cessa de pôr quem o defende em desacordo consigo mesmo: no conteúdo do seu discurso, ele é relativista, denuncia a transcendência, afirma o peso da história, das determinações inconscientes pelo uso dos diversos contextos a que pretende nos abrir acesso; mas ele, em seu interior e como qualquer outro, está convencido da verdade das suas descobertas e das suas afirmações, nas quais ele não vê sintomas ilusórios e mentirosos, mas asserções rigorosas, inteiramente independentes do seu próprio inconsciente. Ele sai da regra geral, reintroduzindo, em suma, sua subjetividade livre sem poder assumi-la como tal. E é essa negação da pessoa real que retira do materialismo a possibilidade de plenamente se auto-reivindicar como humanista. Por isso sua ligação com o tema – pertinente nessa situação – da "morte do homem", que supostamente deve seguir de perto a de Deus.

O humanismo do qual tentei até agora esboçar os traços se enraíza em uma tradição de pensamento bem diversa. Sua relação com a religião cristã é mais sutil, pois não rejeita o sagrado nem a transcendência, apesar de recusar concebê-los pelo modo dogmático do teológico-ético. Se não for possível dar um último acabamento ao quadro, deve-se, pelo menos, tentar aplicar-lhe algumas cores.

LUC FERRY ⊖ O HOMEM-DEUS

O *humanismo "transcendental"*

Primeiro, sua tradição: aquela, é claro, de Rousseau e de Kant, mas também a do cartesianismo revisto por Husserl e Levinas. Esses nomes nada dizem por si só, ou talvez digam muito. Uma precisão se faz necessária. Mostrarei o que têm em comum a meu ver e o que os situa nas origens desse humanismo que designei anteriormente como "transcendental": a posição "fora da natureza" do próprio do homem. "Fora da natureza" quer dizer, também, fora dos determinismos que regem os fenômenos naturais. É afirmar o mistério no coração do ser humano, sua capacidade de se livrar do mecanismo que reina absoluto no mundo não humano, permitindo à ciência prevê-lo e conhecê-lo infinitamente. Isso pode ser lido, tanto em Rousseau quanto em Kant, na definição que dão da liberdade humana: uma faculdade insondável para se opor à lógica, implacável entre os animais, das "inclinações naturais". Isso pode ainda ser lido, em Husserl, por sua crítica do "psicologismo" e do "sociologismo" em nome dos quais as Ciências Humanas gostariam de reduzir nossos comportamentos a uma física das idéias e dos sentimentos. Foi isso, enfim, que reafirmaram às suas maneiras Heidegger, Levinas e Arendt, quando definiram a *humanitas do homem* em termos de "transcendência" ou de "ek-sistência": de aptidão a erguer-se além dos determinismos "ônticos" ou "intramundanos", para penetrar no domínio sagrado da "vida com o pensamento".

Opondo-se à lógica do reducionismo, seria irracional chamar à baila o mistério da liberdade, que incessantemente afirma e reafirma a lei da causalidade e o "princípio da razão"? Sabemos hoje ou devíamos sabê-lo que o debate é, como dizem os matemáticos, "indecidível". O princípio em questão é, por essência, irrefutável, "infalsificável", no sentido que Popper deu a esse termo: impossível, com efeito, refutar a hipótese determinista segundo a qual as ações atribuídas ao efeito de uma misteriosa liberdade – e, por isso mesmo, colocadas

O humanismo do homem-Deus

como excedente em relação à natureza – poderiam ser secretamente engendradas por alguma motivação inconsciente. Aí se situa, é claro, a própria essência da força de sedução que emana das Ciências Humanas deterministas: fazem apelo ao invisível e pretendem, contra a ingenuidade das ilusões da consciência, enfim torná-lo visível. O efeito desmistificador sempre agrada. Mas é também o seu ponto fraco: o postulado fundamental, esse da racionalidade oculta, sendo irrefutável, não é propriamente científico. Ele se remete a um *parti pris* metafísico e, como tal, não deixa de ser uma crença entre outras. Donde a possibilidade de uma "fé prática" com relação à existência da liberdade: se tiverem algum sentido o Bem e o Mal, se, pelo menos, for possível que tenham, devo supor o homem capaz de escolher entre um e outro. Basta, para se certificar disso, fazer a reflexão inversa: imaginemos um ser que fosse como um robô maléfico, infalivelmente programado para matar, sem ter sequer a menor possibilidade de qualquer outra escolha; ele certamente seria nocivo, mas não exatamente mau, e haveríamos de querer destruí-lo, mas sem chegar a ter raiva, pois ele não teria, por sua própria hipótese, como evitar cometer aquelas ações. Não possuindo a qualidade que transforma um ser em *pessoa*, seus atos não teriam qualquer sentido, o que, em filmes de ficção científica, é simbolizado por uma voz metálica e o olho esverdeado.

A discussão é antiga. Todos os seus argumentos são conhecidos e cada tentativa de reatualização sempre me lembra aquelas partidas famosas de xadrez que são novamente jogadas, imitando os grandes mestres. Os lances são previsíveis. Não é minha intenção voltar a isto.[163] Apenas sublinhar o sentido em que a opinião preconcebida da liberdade, pois é de uma opinião preconcebida que se trata, de um postulado, implica hoje uma reinterpretação humanista dos prin-

---

[163] Expus anteriormente suas articulações em *Philosophie politique II. Le système des philosophies de l'histoire*, PUF, 1983.

cipais conceitos da religião cristã. A oposição cardeal não está, como durante muito tempo se acreditou, entre a religião dogmática, de um lado, e, de outro, o materialismo determinista, entre clericalismo e anticlericalismo: a recusa dos argumentos de autoridade é um fato estabelecido ao qual seria inumano, no sentido próprio, voltar. A clivagem de verdade se passa no interior mesmo do humanismo moderno, entre sua interpretação materialista e sua vertente espiritualista. E parece-me que o segundo precisa assumir um reinvestimento de vocabulário e, com isso, também da mensagem da religião cristã. Posso perceber pelo menos cinco argumentos que pesam a favor de tal reordenação do religioso:

A posição, a partir do humanismo propriamente, quer dizer, em pleno acordo com a recusa dos argumentos de autoridade, de transcendências em todos os campos da vida, do pensamento e da cultura: estamos sempre, mesmo sem nos darmos conta, colocando valores superiores à existência, valores, em todo caso, pelos quais valeria a pena assumir um risco de morte. O amor, é claro, é o mais visível e mais forte, não só por se encarnar em relações com outras pessoas, mas também por animar todas as demais ordens: do direito à ética, passando pela arte, a cultura e a ciência. Pode-se amar um ser humano, mas também a justiça, a beleza ou a verdade. Vivemos em sociedades pacificadas e pacifistas, alimentadas por ideologias vitalistas, com tendência a nos fazer acreditar que o risco é o mal absoluto. Melhor vermelho do que morto,[164] dizem amiúde essas ideologias, e o *slogan* pretende ter valor de exemplo. Na verdade, ele dissimula o fato de vivermos permanentemente nesse risco e, sem isso, a vida não

---

[164] Ao contrário de "Melhor morto do que vermelho", *slogan* de Joseph Goebbels, no final da Segunda Guerra Mundial, motivando a população alemã a lutar até o fim contra o exército soviético. (N.T.)

O humanismo do homem-Deus

valeria a pena. Se não houver seres ou valores pelos quais eu me sinta, de algum modo, disposto a arriscar a vida, é porque sou um pobre coitado. É confessar que não amo. Pode-se às vezes esquecer isso, mas é difícil negá-lo sempre. E é por isso, também, que a ligação a valores transcendendo radicalmente o mundo dos simples objetos, por serem esses valores de uma outra ordem, implica uma resistência ao materialismo, uma aspiração a uma *espiritualidade* enfim autêntica. *Enfim* porque, hoje em dia, é sobre uma base humana que ela reinstaura a categoria religiosa do Além da vida humana. No lado anterior da nossa consciência e não mais posterior, como queriam os princípios da teologia moral. Transcendências, então, na imanência de si, mas, mesmo assim, transcendências radicais com relação ao materialismo.

Daí uma segunda analogia com a religião: não somente o humanismo transcendental coloca valores que se situam além da vida, mas o faz sem precisar recorrer a uma demonstração suscetível de fundar esse gesto na razão. Quer dizer que esses valores conservam, apesar do enraizamento na consciência dos homens mais do que na Revelação autoritária, uma parcela inelutável de mistério. De Descartes a Husserl, passando por Kant, uma certa tradição filosófica, à qual eu refiro esse humanismo transcendental, incessantemente estabeleceu valores ou significações "fora do mundo". Que fossem designados sob a denominação de "idéias inatas", verdades eternas, "categorias *a priori*" ou "existenciais", isso, aqui, pouco importa: em todos os casos, tratava-se de desvendar uma transcendência radical com relação à esfera "ôntica" da simples natureza. Ora, essa afirmação, que se pode justificar e argumentar, no entanto, não é, em senso estrito, demonstrável. As experiências em que ela se apóia são interiores e se remetem apenas à simples "mostração" fenomenológica, "rigorosa", mas não "exata" – o que a torna um permanente alvo dos reducionismos preocupados em trazê-la o mais rapidamente possível, por meio de um sólido encadeamento de razões, à sua origem, pressuposta na natureza ou na história. Um relativismo absoluto deveria vir em seguida e, entretanto, nada é assim: 2 + 2 continuam a somar 4 para todos os espíritos, em todos os tempos e em todo lugar, e essa proposição, a mais simples de todas, não deixa de permanecer um absoluto enigma. "O que é incompreensível", dizia Einstein, "é que o mundo seja compreensível", prova de que o mistério, sendo autêntico, não é nada estranho ao espírito científico. Na ordem da ética, no entanto suposta ser mais "subjetiva", certos valores acedem de maneira irresistível à universalidade: por exemplo, sem ir procurar tão longe, os valores da Declaração dos Direitos do Homem, de que os próprios islamitas acreditam ter, com a Xariá e em homenagem sem dúvida involuntária, um equivalente... Até mesmo na esfera do gosto, no entanto a mais íntima de todas, impõe-se alguma forma de *senso comum*. Apesar de visíveis no seio da consciência de cada um de nós, essas transcendências nem por isso deixam de estar envoltas em um mistério que o humanismo transcendental precisa assumir como tal:[165] sem esse mistério, não seriam apenas essas transcendências que desapareceriam, mas, ao mesmo tempo, a humanidade do homem como tal, reduzido à simples mecânica natural: aquela do princípio da razão. Não por acaso, os reducionismos, com o biologismo à frente, não cessam de reafirmar a continuidade

---

[165] Os observadores curiosamente pouco notaram (é um eufemismo) este trecho de *A crítica da razão pura* (§21), em que Kant coloca o mistério, isto é, a contingência radical, em plena esfera do transcendental: "Mas dessa propriedade que nosso entendimento tem, de só chegar à unidade da apercepção, *a priori*, por meio das categorias exatamente dessa espécie e desse número, não podemos dar uma razão, assim como não podemos dizer por que temos precisamente essas funções do julgamento e não outras, ou por que o tempo e o espaço são as nossas únicas formas de intuição possíveis." Ou seja, o *a priori*, cujas duas maiores características são a universalidade e a necessidade, é, no fundo, perfeitamente enigmático, para não dizer totalmente contingente.

O humanismo do homem-Deus

que vai do animal ao homem. Um pequeno cromossoma de nada é a única diferença, exclamam eles! Os argumentos são de ofuscante evidência, e os fatos estão à nossa frente! De tal forma que se pode até esquecer o que está em jogo: a redução do homem à natureza, assimilando-o enfim como um ser vivo dentre os demais.

Terceira analogia com a religião: as transcendências, encarnadas na imanência de uma consciência eternamente misteriosa para si mesma, *reúnem* os seres humanos entre si. A posição de valores *fora do mundo*, inscrevam-se eles na ordem da ciência, da ética ou da arte, define a *comunidade* das pessoas, enquanto a inscrição dos valores *dentro do mundo* as separa. O humanismo transcendental é, então, um humanismo abstrato, no sentido que tem esse termo quando se trata de compreender a grande Declaração: não é no fato de pertencer a uma comunidade que residem os direitos, pois eles são inerentes à humanidade do homem como tal, abstraindo-se seus enraizamentos particulares. Passam os valores universais a serem chamados a fazer a junção, enquanto os laços singulares criam sempre o risco, se forem mal compreendidos, de dividir: da religião, o humanismo transcendental, então, conserva o espírito, a idéia de um laço de comunidade entre os homens. Esse laço, simplesmente, não se situa mais em uma tradição, em uma herança imposta a partir do exterior, em um ponto anterior à consciência, mas posterior, que é onde devemos, de agora em diante, pensar o que pode ser o análogo moderno das tradições perdidas: uma identidade pós-tradicional.

Se acrescentarmos que as transcendências assim colocadas, sob um modo que pode ser dito não dogmático, são, como tais, *valorizadas* pelos homens, poderemos muito bem subsumi-las à categoria do *sagrado*, razão pela qual um sacrifício é possível. É pela posição fora do mundo dos valores que o homem se revela realmente homem, distinto dos mecanismos do universo natural e animal a que os diversos reducionismos gostariam, o tempo todo, de reconduzi-lo. Se o sagra-

LUC FERRY ⊖ O HOMEM-DEUS

do não se enraíza mais em uma tradição cuja legitimidade estaria liga-da a uma Revelação anterior à consciência, é preciso agora situá-lo no coração mesmo do humano. E por isso o humanismo transcendental é um humanismo do homem-Deus: se os homens não fossem, de certo modo, deuses, também não seriam homens. Deve-se supor haver *neles* algo sagrado ou então aceitar sua redução à animalidade.

Transcendências misteriosas, sagradas, que nos unem porque visam ao universal, mas também relação com a eternidade, quiçá com a imortalidade. Imaginar que é justificado, *sensato* arriscar a vida por um ser ou por valores também significa, pensando bem, remeter-se a um além do tempo. É estabelecer, para um ser finito, consciente de sua mortalidade, que algo vale mais do que a vida e se situa, com isso, além dela. Paradoxo último desse humanismo do homem-Deus, pois é de dentro da temporalidade, na qual ele está totalmente imerso, que ele se sente chamado por algo de fora, do qual ele tudo ignora, exceto que isso o chama.

Esse humanismo há de irritar os cristãos tradicionalistas, que vêem no movimento de humanização do divino um processo sacrílego e idó-latra. Mas a divinização do humano suscita igualmente a desconfiança e a ironia dos materialistas: eles percebem, nesse novo espiritualismo, um avatar suplementar do idealismo que, perseguido pela atividade científica ou crítica, logo teria seus dias contados. Aos primeiros, eu lembro essa frase dirigida por Cristo aos judeus, prontos a lapidá-lo:

"Eu vos fiz ver várias boas obras vindas de meu Pai: por qual delas me lapidais?" Os judeus lhe responderam: "Não é por boa obra que te lapidamos, mas por blasfêmia e porque tu, que és homem, te fazes Deus." E Jesus lhes disse: "Não está escrito em vossa lei: Eu disse: sois Deuses?"[166]

---

[166] João, X, 32-34.

O humanismo do homem-Deus

Aos últimos digo apenas que o projeto, tão presente atualmente em certas correntes da Biologia contemporânea, de desvendar os "fundamentos naturais da ética", do conhecimento e das artes corre o sério risco de ser um engodo. Compreendam-me bem: assim como respeito a fé, inclusive em suas formas tradicionais, não tenho o menor desprezo com relação às tentativas "científicas" visando a desvendar a origem natural ou histórica dos valores. Simplesmente, o projeto me parece afetado internamente por um vício, se posso assim dizer, inaugural, a partir do momento em que tem pretensões de ser exaustivo: admitindo que se consigam identificar certas "bases neurônicas" subjacentes à capacidade de se formarem escolhas éticas ou estéticas, como supor que o trabalho da ciência possa vir a dar conta dessas escolhas propriamente? Alguém seriamente imaginaria que se possa, um dia, explicar, pelas diferenças anatômicas ou genéticas, os engajamentos desse ou daquele indivíduo, a favor ou contra o racismo, a democracia, a igualdade entre os sexos etc.? A diferença entre um alemão escolhendo o nazismo e um outro alemão, quem sabe da mesma família, militando na resistência, nunca poderia se explicar pela Biologia... a menos, por uma estranha reviravolta, que se dê razão à própria ideologia nazista. No entanto, essa diferença *de facto* existiu, indiscutivelmente. As verdadeiras divergências, aquelas que, no plano dos valores, realmente contam, são infinitesimais e imperceptíveis ao olhar dessas pesadas máquinas que são os reducionismos...

*

* *

Aqui temos, creio, o maior paradoxo da nossa relação leiga com o cristianismo: o nascimento da vida sentimental moderna, a fundação afetiva das mais preciosas relações humanas estava ligada à saída de uma religião que pretendia transmitir uma mensagem de amor.

Era ela que conferia significação e pregnância aos comunitarismos de antigamente. Foi a ela, conseqüentemente, que foi preciso, de início, se opor, para abandonar a lógica do "casamento de conveniência". A Igreja tenta, nos dias atuais, combater essa perda da relação tradicional com a Revelação. Ela se ergue contra as orgulhosas exigências da liberdade de consciência e do "pensar por si mesmo". Uma chamada à razão que parece, por razões de princípio, destinada ao fracasso. Não que seja impossível encontrar alguma escuta entre aqueles, e que são muitos, que gostariam de encontrar referências enfim *indubitáveis*, verdades sólidas, passíveis de acalmarem os medos suscitados em cada um de nós pela vida contemporânea. O extraordinário sucesso, o sucesso "midiático" das viagens do Papa são prova disso. Mas a recusa dos argumentos de autoridade não é uma peripécia, um declínio acidental diante do qual bastaria se refazer: trata-se de um acontecimento do qual a história se utilizou para revelar o homem a si mesmo. Quanto a esse capítulo, a filosofia, afinal em unanimidade de Descartes a Hegel, foi vitoriosa de maneira irreversível sobre as pretensões da religião dogmática: o homem só é homem por sua liberdade, e a heteronomia tende à reificação. A restauração da religião por sua *forma*, aquela da tradição herdada, se choca, então, a obstáculos que não vêm de um simples combate contra uma pretensa decadência histórica.

A atualidade do *conteúdo* dos Evangelhos, pelo contrário, não deixa de impressionar. Enquanto as religiões da Lei parecem fadadas ao declínio ou às tentações integristas, aquela do Amor consegue se conciliar com os motivos que os historiadores das mentalidades nos revelaram. Foi *Philia* que nos afastou da religião cristã, mas foi também o que lhe trouxe de volta o sentido e, de maneira inédita, alimenta *Agapè*. Os Antigos se apegavam à *forma* religiosa como tal, mas seu conteúdo, a mensagem de amor, não passava absolutamente à realidade das relações humanas; os Modernos, pelo contrário,

O humanismo do homem-Deus

rejeitam a heteronomia do teológico-ético, mas vêem se introduzir em suas vidas cotidianas sentimentos aptos à valorização do *conteúdo* de um discurso que sacraliza o amor e o torna o lugar derradeiro do sentido da vida. O paradoxo é vivenciado concretamente por muitos cristãos: eles se sentem às vezes mais próximos de um filósofo ateu pregando a beleza de *Agapè* do que de um chefe de Igreja preocupado em restaurar o brilho de um esplendor passado.

O humanismo moderno reata, dessa maneira, sem sequer se dar ao trabalho de ter de pensar nisso, com um tema central do cristianismo: o amor é, por excelência, o sentimento que anima, dá fôlego e alma à "estrutura pessoal do sentido". Reverso da medalha: o luto não é um simples sofrimento psíquico, mas, dentre todas, a prova do não-sentido. O mundo se torna vazio, não fala mais, não *quer* dizer mais nada – angústia à qual os que têm fé não podem escapar senão pela colocação de um sujeito absoluto. Deus é amor e, felizmente, é infinito: não poderia morrer nem, conseqüentemente, deixar de dar sinais. O não-sentido fica banido para sempre. O humanismo moderno se reconhece em um aspecto da mensagem, ou mesmo em todos: também para ele o amor é o lugar privilegiado do sentido e por ele apenas se perpetua ainda o teor religioso do sacrifício. A humanidade divinizada tomou o lugar do sujeito absoluto. É ela que devo poder pensar que é eterna, não devendo desaparecer, para assim subsistir ainda algum sentido na extensão dessa terra. Esse é o significado do famoso apelo lançado por Hans Jonas por um "princípio responsabilidade", pelo qual nos caberia preservar a todo custo as condições de existência, digna desse nome, para as gerações futuras. Eis também por que o risco nuclear possui um peso específico no imaginário coletivo: ele simboliza a possibilidade, antigamente impensável, de uma liquidação instantânea de toda vida humana. É por representar um poder de aniquilamento máximo que ele nos remete ao que, em nós, pode responder a isso. Responsabilidade, no sentido próprio, *sublime*: superior a esse poder e transcendendo-o. Assim como ele se alimenta no ideal de amor cristão, o humanismo moderno igualmente concorda com a sua definição do inferno: a solidão de um universo para sempre desprovido de significação. O mal absoluto permanece ligado à idéia de uma *separação* irremediável do divino, uma privação eterna de amor e, por isso mesmo, de sentido. As famosas "tentações" do Diabo não têm outro alvo. Ele, até por sua etimologia, é aquele que separa. Mesmo se tendo humanizado, sua figura nem por isso deixa de estar presente e de dar sentido, negativamente, às nossas existências.

Acredito que vivemos hoje o momento em que os dois processos que tentei descrever neste livro – a humanização do divino e a divinização do humano – se cruzam. Pois bem, esse cruzamento é um ponto e esse ponto – como poderia ser de outra forma? –, uma *confusão*. Compreendo muito bem que essa indeterminação suscite um incômodo. Entre os materialistas, porque o reconhecimento de transcendências escapa da lógica da ciência e da genealogia. Entre os cristãos, é claro, porque os obriga a reformularem suas crenças em termos que possam ser, enfim, compatíveis com o princípio de rejeição dos argumentos de autoridade. Mas se o divino não é de ordem material, se sua "existência" não está no espaço e no tempo, é mesmo no coração dos homens que se deve agora situá-lo e nessas transcendências que eles percebem, neles próprios, lhes pertencerem e lhes escaparem para sempre.

Este livro foi impresso no
Sistema Digital Instant Duplex da Divisão Gráfica da
DISTRIBUIDORA RECORD DE SERVIÇOS DE IMPRENSA S.A.
Rua Argentina, 171 - Rio de Janeiro/RJ - Tel.: (21) 2585-2000